PROFIL

Collection créée p

Le Procès

FRANZ KAFKA (1925)

ORSON WELLES (1963)

FANNY DESCHAMPS
Certifiée de lettres modernes

GÉRARD MILHE POUTINGON
Maître de Conférences à l'université de Rouen

Sommaire

Fiche Profil ... 5

Lexique de l'analyse filmique ... 8

Découpage du film ... 11

PREMIÈRE PARTIE ... 21

Résumés et repères pour la lecture du roman et du film

DEUXIÈME PARTIE ... 49

Problématiques essentielles du roman et du film

1 Franz Kafka et *Le Procès* ... 50
Un écrivain tourmenté ... 50
Le Procès au terme d'un processus ... 53
La postérité du *Procès* ... 55

2 Orson Welles et *Le Procès* de Kafka ... 58
Un génie précoce ... 58
Du projet à la réalisation du film ... 60
La mise en scène d'une lecture ... 63

© HATIER, Paris, Août 2004   ISSN 0750-2516   ISBN 2-218 **74768**-5

Toute représentation, traduction, adaptation ou reproduction, même partielle, par tous procédés, en tous pays, faite sans autorisation préalable est illicite et exposerait le contrevenant à des poursuites judiciaires. *Réf : loi du 11 mars 1957, alinéas 2 et 3 de l'article 41.* Une représentation ou reproduction sans autorisation de l'éditeur ou du Centre français d'exploitation du droit de Copie (20, rue des Grands-Augustins, 75006 PARIS) constituerait une contrefaçon sanctionnée par les articles 425 et suivants du Code pénal.

3 Qui est Joseph K. ? 68
Un personnage aux multiples facettes 68
Une métamorphose 72

4 Les autres personnages 76
Le personnel de la justice 76
Les personnages féminins 82

5 La structure narrative 87
Une structure ouverte 87
Les modifications de Welles 90

6 L'espace 93
L'espace de la ville 93
Un espace clos et infini : le labyrinthe 95
Une vaste prison ? 98
Un espace étrange 100

7 Le temps 104
Les deux temporalités du *Procès* 104
Temps et culpabilité 106
Temps et espace 107

8 L'onirisme 110
Les indices d'onirisme 110
Entre rêve et réalité 113
Le cauchemar chez Welles 114

9 La faute 117
La culpabilité de K. 117
K. innocent ? 120
La faute de l'humanité 121

10 La théâtralité 124
La théâtralité du roman.. 124
La théâtralité dans le film de Welles 127

11 Un roman de l'absurde ? 129
Un « monde incohérent, absurde et surréel »...................... 129
Un univers dénué de sens... 133
La logique du processus judiciaire................................. 137

Bibliographie 141

Index-Guide pour la recherche des idées......................... 143

Les citations et les références entre parenthèses renvoient à la traduction du *Procès* par Alexandre Vialatte dans la collection « Folio » des éditions Gallimard.

Maquette : Tout pour plaire
Mise en page : Graphismes

FICHE PROFIL

Le Procès

Franz Kafka (1883-1924) | **Orson Welles (1915-1985)**
Roman (1925) | Film (1963)

RÉSUMÉ DU ROMAN

Chapitre I : Un matin, Joseph K., premier fondé de pouvoir d'une banque, est arrêté chez lui. Un inspecteur et deux gardiens se livrent à l'arrestation sans donner les raisons précises de l'inculpation et laissent en liberté le coupable. Après sa journée de travail, K. attend sa voisine, Mlle Bürstner. Il lui explique l'aventure de la matinée et flirte avec elle.

Chapitre II : Quelques jours plus tard, Mlle Montag déménage pour aller vivre chez son amie, Mlle Bürstner, que K. cherche à revoir en vain.

Chapitre III : Un dimanche, K. se rend au tribunal pour son premier interrogatoire. Il se livre à une longue plaidoirie. Scandalisé par les procédures atypiques du tribunal et par les réactions incohérentes de l'assemblée, il quitte le tribunal.

Chapitre IV : Attendant en vain une prochaine convocation, il décide de retourner plus tard au tribunal. Il n'y trouve que la femme de l'huissier puis l'huissier lui-même. K. éprouve alors un malaise.

Chapitre V : Un soir, dans un corridor de son bureau, K. assiste au supplice des deux gardiens qui l'ont arrêté. La scène se répète le lendemain mais K. refuse d'assister une seconde fois à la scène de torture, il referme la porte.

Chapitre VI : Un après-midi, son oncle vient le voir au bureau. Il veut l'aider et lui propose un avocat : Me Huld. C'est un homme malade, soigné par une charmante jeune femme nommée Leni. K. est séduit. Le couple s'éloigne quelque temps pour flirter. Au bout d'un certain temps, K. rejoint son oncle, furieux de l'irresponsabilité de son neveu.

Chapitre VII : K. se rend compte que son procès n'avance pas. Il juge alors inutile l'aide de son avocat. À son bureau, un industriel lui indique les coordonnées du peintre officiel du tribunal susceptible de l'aider, Titorelli. K. se rend à l'atelier du peintre qui ne peut finalement pas l'aider davantage. K. éprouve de nouveau un malaise.

Chapitre VIII : De retour chez son avocat, K. surprend Leni et Block, un négociant également client de Me Huld. Sous les yeux de K., l'avocat prend plaisir à humilier Block. K. donne congé à son avocat.

Chapitre IX : K. se rend à la cathédrale qu'il doit faire visiter à un client de sa banque. Ce dernier ne vient pas. Un abbé, aumônier de la prison, l'interpelle. Il lui raconte alors la Légende de la Loi – sorte de mise en abîme de son histoire personnelle. Les deux hommes se quittent.

Chapitre X : La veille de son trente et unième anniversaire, K. est arrêté par des hommes qui l'exécutent.

PERSONNAGES PRINCIPAUX DU ROMAN ET DU FILM

– Joseph K. : brillant employé de banque, K. est victime d'une « grande organisation ». Arrêté sans motif, il reste en liberté et recherche en vain une aide extérieure. Anthony Perkins incarne le rôle dans le film. Il confère au personnage une psychologie trouble.

– Me Huld (Me Hastler) : avocat malade et incompétent, il incarne la corruption et le non-sens de la justice. Orson Welles joue le personnage et lui confère une autorité, une cruauté et une prétention sans mesure.

– Leni : jeune séductrice au service de l'avocat. Romy Schneider incarne le rôle et met en évidence l'aspect séducteur et pervers du personnage.

– Titorelli : second personnage susceptible d'aider K., Titorelli est un peintre misérable.

– Mlle Bürstner : voisine et soucieuse des ennuis de K., elle mène une vie que condamne sa logeuse, Mme Grubach. Dans le film, Jeanne Moreau confère au personnage une vulgarité et une violence absentes du texte.

CLÉS POUR LA LECTURE DU ROMAN ET DU FILM

1. La faute de K. : le sentiment de culpabilité est omniprésent dans le roman, bien que l'on ne sache pas quelle est la faute commise.

2. Le fonctionnement énigmatique de l'institution : dans le texte comme dans le film, la mise en scène d'une institution opprimante, étrange et influente, est centrale.

3. La logique d'un cauchemar : Welles a choisi d'insister sur cette dimension, omniprésente dans le texte de Kafka. Il met en scène un univers non seulement énigmatique et insaisissable, mais aussi angoissant.

4. La théâtralité du *Procès* : le nombre de mises en scène suffit à prouver la théâtralité du texte de Kafka et explique l'intérêt de Welles, homme de théâtre, pour son adaptation filmique.

Lexique de l'analyse filmique

Angle de prise de vue : place de la caméra par rapport au sujet (plongée, contre-plongée, vision frontale).

Auricularisation interne : son correspondant à ce qu'entend un personnage en particulier.

Bande son : elle se compose de la voix, des bruits (humains et extra-humains) et de la musique.

Cadrage : il détermine l'échelle du plan, sa composition interne et l'angle de prise de vue.

Caméra objective/subjective : l'action est vue par un observateur étranger à l'action (il en est le témoin) ou par un personnage de l'histoire.

Champ : partie de l'espace montrée à l'écran.

Contre-champ : espace opposé au champ.

Contre-plongée : prise de vue effectuée quand la caméra est positionnée en dessous du sujet.

Cut : simple juxtaposition de deux plans.

Découpage : division du film en séquences, sous-séquences (appelées parfois « scènes ») et plans.

Diégèse : issu du grec *diegesis*, signifiant « histoire », c'est l'ensemble des événements racontés.

Échelle des plans : échelle établie par rapport à la taille des personnages qui permet de définir les différents plans. On distingue :
– *Plan général* : il cadre un paysage.
– *Plan d'ensemble* : il cadre un lieu avec un ou des personnage(s).
– *Plan de demi-ensemble* : il cadre le(s) personnage(s) dans un lieu.
– *Plan moyen* : il cadre un personnage en entier.
– *Plan américain* : il cadre un personnage des cuisses à la tête.

– *Plan rapproché taille/buste* : il cadre le personnage à partir de la taille ou du buste.
– *Gros plan* : il cadre la tête du personnage.
– *Détail / insert* : il cadre un détail du personnage ou d'un objet.

Écran d'épingles : épingles rétractables fixées sur un cadre de liège blanc. L'artiste (Alexeïeff) appuie plus ou moins sur chacune d'entres elles avant de les éclairer d'une lumière rasante pour obtenir des effets de clair-obscur.

Extérieurs : lieux de tournage situés exclusivement en dehors des studios ou des décors intérieurs.

Focale : distance entre le foyer optique de l'objectif et le plan du film. La courte de focale est inférieure à 50 mm.

Fondu : obscurcissement ou éclaircissement progressif d'une image. Il en existe de trois types :
– *Fondu au noir* : obscurcissement plus ou moins rapide d'une image jusqu'au noir.
– *Fondu au blanc* : éclaircissement avant que l'image suivante n'apparaisse.
– *Fondu-enchaîné* : superposition de la fin d'un plan avec le début du plan suivant.

Générique : placé au début et/ou à la fin du film, il en indique le titre, les acteurs, les techniciens et fournisseurs.

Grand angulaire : objectif de courte focale donnant un angle large et une grande profondeur de champ. Les effets obtenus par son utilisation sont : l'exagération des perspectives, l'accélération de la vitesse des déplacements, l'éloignement des objets.

Hors-champ : partie de l'espace qui n'est pas montrée à l'écran.

Intérieurs : lieux de tournage situés exclusivement en studio ou dans des décors intérieurs.

Montage : choix et assemblage des plans d'un film.

Ocularisation interne : plan correspondant à la perception de l'espace par un personnage. Le spectateur voit ce que voit le personnage.

Off : mot anglais signifiant « hors de », abréviation de *off screen* (en dehors de l'écran). Le son *off* vient d'une source invisible à l'écran située dans un autre temps, dans un autre lieu.

Panoramique : mouvement de la caméra qui pivote sur son axe horizontalement ou verticalement tandis que le pied reste fixe.

Plan : portion de film enregistrée au cours d'une prise de vue. Après le montage, portion de film entre deux collures.

Plan-séquence : réalisation d'une séquence en un seul plan.

Plongée : prise de vue effectuée quand la caméra est positionnée au-dessus du sujet.

Profondeur de champ : zone de netteté dans l'axe de la prise de vue.

Raccord : manière de juxtaposer deux plans lors du montage (raccord de regard, de geste, de mouvement…).

Scénario : description de l'action d'un film contenant dialogues et indications techniques.

Séquence : ensemble de plans qui constituent un ensemble narratif défini selon une unité de temps et de lieu. Elle correspond à l'acte théâtral ou au chapitre de roman. Elle est constituée de sous-séquences (appelées parfois « scènes »).

Travelling : déplacement de la caméra de l'arrière vers l'avant ou inversement (*travelling* avant/arrière) ou déplacement horizontal de la caméra (*travelling* latéral).

Vococentrisme : au cours du mixage, opération consistant à augmenter le volume de la voix du ou des personnages sur lesquels on veut attirer l'attention, au détriment des autres sources sonores.

Volet au noir/simple : image balayée par un cache noir ou une autre image.

Découpage du film

GÉNÉRIQUE (4 min 10)

Des inscriptions blanches défilent sur fond noir : « À partir d'une idée relativement simple, Kafka nous plonge dans un monde incohérent, absurde et surréel. L'Idée la voici. Les bureaucrates, l'Administration, le pouvoir, écrasent l'individu. L'homme seul devient une victime pantelante de la société quand par hasard – ou par malheur – celle-ci l'attire vers un des engrenages de son système. *Extrait d'un article de Mr. Louis Chauvet* (Le Figaro) ».

Ensuite nous est donné le nom du producteur : Alexandre Salkind. Puis apparaît le titre du film : « *Le Procès. Musique d'Albinoni.* » Enfin défile une série de noms de l'équipe technique et administrative : Edmond Richard, le directeur de la photographie, Jean Mandaroux, le décorateur, etc. *La musique cesse. Fondu au noir.*

La Légende de la porte de la Loi

La musique d'Albinoni reprend progressivement. Une série d'images d'Alexandre Alexeieff apparaissent à l'écran. Il s'agit d'une forteresse. Un commentateur en voix *off* (Orson Welles dans la version originale) raconte l'histoire que les différentes images illustrent : Devant la Loi, se tient un garde. Un homme veut accéder à la Loi. Mais le garde ne peut, pour l'instant, le laisser entrer. Par le portail ouvert, l'homme essaie de voir. Avec la permission du garde, l'homme s'assied près du portail. Et là…, il attend pendant des années. Petit à petit, il se sépare de tout ce qu'il possède, dans l'espoir de soudoyer le garde qui, à chaque offrande, ne manque pas de lui dire : « Je n'accepte que pour que tu puisses être certain d'avoir tout tenté. » Finalement, au seuil de la mort, il se demande pourquoi personne d'autre que lui ne s'est présenté. Le gardien lui répond : « Parce que nul autre que toi n'aurait jamais été admis, parce que nul autre n'aurait pu franchir ce portail. Il n'était destiné qu'à toi. Maintenant, je vais le fermer. » *La musique cesse.* Finalement, le narrateur termine son récit par cette phrase : « On pourrait dire que la logique de cette histoire est la logique d'un rêve ou d'un cauchemar. » *Reprise de la musique. Fondu au noir.*

SÉQUENCE 1 (21 min 20)

L'arrestation de Joseph K.

1. L'arrivée des trois hommes

Ouverture en fondu-enchaîné. Intérieur. Une sonorité lancinante est omniprésente. La chambre de K. Joseph K. se réveille. Un homme est dans sa chambre. Long dialogue entre l'inspecteur et K., qui s'habille en même temps. Arrivée de deux sous-inspecteurs, ils posent des questions à K. Découverte, dans la chambre de la voisine, de ses collègues de bureau. K. recherche l'aide de Mme Grubach qu'il appelle en vain. Il entre dans la cuisine.

2. Le petit-déjeuner avec Mme Grubach

Intérieur. La cuisine. K. y rejoint Mme Grubach. Elle lui apporte son petit-déjeuner dans la salle à manger. Dialogue entre Mme Grubach et K. Il se souvient de la présence, dans la chambre de sa voisine, des employés du bureau. Il se lève pour les congédier.

3. Le départ des collègues et de l'inspecteur

Intérieur. La chambre de Mlle Bürstner. K. congédie ses collègues puis se dirige vers le balcon.
Extérieur. Sur le balcon. K. sur le balcon aperçoit ses voisins d'en face qui l'observent, l'inspecteur le met en garde sur ses réactions un peu trop brutales (« Vous vous faites remarquer, monsieur K. »). Dialogue entre les deux hommes. Au départ de l'inspecteur, Mme Grubach rejoint K. et discute avec lui. Ils voient

arriver Mlle Bürstner. Mme Grubach fait des allusions à la vie dissolue de la jeune femme. K., énervé, la quitte et repart dans sa chambre.

4. L'arrivée de Mlle Bürstner

Intérieur. Le couloir. K. retrouve Mlle Bürstner dans le couloir où elle est en train d'enlever ses chaussures. Court dialogue. K. retourne dans sa chambre. *Musique de Jazz*. Mlle Bürstner l'y rejoint. Court dialogue. Finalement, ils se retrouvent dans la chambre de Mlle Bürstner. Ils discutent et flirtent mais elle finit par le renvoyer lorsqu'elle s'aperçoit du dérangement occasionné par son arrestation dans sa propre chambre (ses photos ont été dérangées).

SÉQUENCE 2 (2 min 20)

L'entrevue avec le directeur adjoint

Intérieur. Le bureau. *Musique d'Albinoni*. K. arrive au bureau, un paquet sous le bras. *Bruit des machines à écrire*. *Travelling* suivant le trajet de K. dans ce bureau. Une secrétaire informe K. que le directeur adjoint cherche à le voir. *La musique cesse*. Dialogue de K et du directeur. La cousine de K. apparaît derrière une très grande vitre et se fait remarquer. K., gêné, lui fait signe de partir. Dialogue avec le directeur qui soupçonne K. de détournement de mineure. Il quitte K. et la secrétaire lui signale la présence d'Irmie, sa cousine. Il lui demande de la renvoyer et rejoint son bureau.

SÉQUENCE 3 (4 min)

L'entrevue avec Miss Pittl

Extérieur. Un terrain vague devant un immeuble. *Nuit. Bruit d'un chien qui aboie*. K. rentre de son bureau avec un carton à gâteau. Il monte un escalier et laisse passer une femme qui traîne une malle. Il reconnaît la malle de Mlle Bürstner et engage la conversation avec cette femme, Miss Pittl. Tout en discutant, elle s'achemine dans le terrain vague affublée de cette lourde malle.

Son infirmité (elle porte un appareil à la jambe) l'empêche d'avancer rapidement. *Bruit de la jambe métallique*. K. tente de l'aider, elle refuse obstinément. Il cherche en vain à connaître les circonstances du départ de Mlle Bürstner. Il l'aide à monter un petit monticule. *Bruit des cloches au loin*. Elle lui laisse finalement croire qu'il est à l'origine du départ de sa voisine. K. reste seul et regarde Miss Pittl s'éloigner. *Fondu au noir*.

SÉQUENCE 4 (2 min 30)

Au théâtre

1. Le tribunal au théâtre

Intérieur. Salle de théâtre. *Musique de cirque*. Dans une salle bondée, K. applaudit. Une femme lui transmet un billet provenant du fond de la salle. *La musique cesse*. Un homme l'attend. K. lit le billet puis se lève et circule dans les rangs pour rejoindre les coulisses.

2. Les coulisses

Intérieur. Les coulisses. K. retrouve l'inspecteur qui emmène K. Tous deux traversent une salle de répétition où un orchestre répète l'*Adagio* d'Albinoni. Ils arrivent dans une salle délabrée où deux autres hommes les attendent. Série de champs/contre-champs suivant le dialogue. K. est placé sous une lampe. L'inspecteur lui remet sa convocation pour le tribunal. K. s'éloigne pour rejoindre le tribunal.

SÉQUENCE 5 (4 min 30)

Le premier interrogatoire

1. Une place surréaliste

Extérieur. Nuit. Musique d'Albinoni. K. traverse une place où une statue est empaquetée. À ses pieds se trouvent des hommes et des femmes âgés, à demi-nus. Ils portent autour de leur cou une pancarte avec un numéro, leurs vêtements au bras. K. se fraye un passage entre les petits groupes qu'ils forment. *Fondu au noir*.

2. Le premier interrogatoire

Intérieur. Le tribunal. Après avoir monté un escalier en colimaçon, K. se retrouve à l'étage où il longe des murs avant d'arriver dans une vaste pièce. Il y découvre une femme faisant la lessive, Hilda. Elle montre à K. la porte qu'il doit emprunter. Il rentre dans une salle bondée. K. s'apprête à ressortir, mais Hilda l'en empêche et referme derrière lui. K. s'achemine vers l'estrade où l'attend le magistrat-président. Longue plaidoirie de K. La salle applaudit. K. dénonce les pratiques douteuses du tribunal. Il sort du tribunal et referme une porte démesurément grande.

SÉQUENCE 6 (9 min 10)

La torture des sous-inspecteurs

1. Des bruits suspects

Intérieur. Le bureau. *Bruit des machines à écrire.* K. rejoint son vaste bureau après avoir traversé des couloirs. Il entend des gémissements et en recherche l'origine. Il descend un escalier, traverse une pièce obscure puis va près d'un autre escalier. En levant les yeux, il tombe sur les trois employés qui étaient dans l'appartement lors de son arrestation. K. rejoint le cabinet de débarras où il a entendu un bruit sourd.

2. Un spectacle très étrange

Intérieur. Le cabinet de débarras. Il rentre dans le cabinet où il découvre les sous-inspecteurs qui l'ont arrêté ainsi qu'un étranger vêtu de cuir noir. Dialogue avec les sous-inspecteurs qui expliquent à K. qu'ils vont être fouettés à cause de lui (« Vous vous êtes plaint de nous aux autorités, nous accusant de corruption... vous avez porté plainte ! »). K. assiste au châtiment des deux hommes puis repart malgré les supplications de l'un des deux sous-inspecteurs. *Musique d'Albinoni.*

3. De retour au bureau

Intérieur. Le bureau. La secrétaire de K. l'aperçoit sortant du cabinet de débarras. Elle lui annonce l'arrivée de son oncle Max.

La musique cesse progressivement. Dialogue des deux hommes. Max lui reproche d'avoir négligé Irmie lors de sa visite. Puis il lui montre son computateur, machine électronique censée répondre à toutes les questions concernant son procès. Des gémissements interrompent la discussion. K. arrive près des escaliers où il croise les trois employés qui étaient présents lors de son arrestation. Il rejoint le cabinet de débarras. *Musique d'Albinoni.* Il ouvre la porte et voit les deux sous-inspecteurs sous la lampe. L'un tient un morceau de sparadrap et s'apprête à se le mettre sur la bouche. *La musique cesse.* K., bouleversé, referme la porte et retrouve son oncle. *Fondu au noir.*

SÉQUENCE 7 (13 min)

La visite chez l'avocat

1. La rencontre de Leni

Extérieur. Gros plan sur deux yeux à travers un judas. Le judas se referme. L'oncle de K. frappe à la porte. La porte s'ouvre.

Intérieur. L'appartement de l'avocat. Max et K. pénètrent chez l'avocat. Une jeune femme, Leni, les accueille. K. et Leni se regardent longuement. Leni leur apprend que l'avocat est malade. Tout en parlant, Max se dirige vers la chambre de l'avocat.

2. La rencontre de l'avocat malade

Intérieur. La chambre de l'avocat. Alors que tous trois sont dans la chambre de l'avocat, Leni lui procure des soins. Max présente K. à l'avocat, qui s'intéresse vivement à son affaire. Dialogue. Me Hastler signale à K. la présence du greffier principal à la cour. Pendant le discours de Me Hastler concernant le rôle du greffier à la cour, K. s'éloigne. Bruit *off* de vaisselle brisée. K. en cherche la cause et circule dans l'appartement de l'avocat. *Musique lancinante.*

3. L'entrevue de Leni et K.

K. longe une cloison vitrée jusqu'à Leni qui l'a volontairement brisée pour attirer son attention. Dialogue de K. et Leni. Elle lui met un manteau sur les épaules. Elle lui montre sa difformité physique : une main palmée. Ils flirtent et discutent dans une pièce où sont entassés de nombreux dossiers jusqu'à ce que l'avocat appelle Leni. K. s'apprête à partir et tombe, en ouvrant une porte, sur un homme dans une petite cellule. Il s'agit du négociant Bloch, un autre client de l'avocat. K. s'en va. Leni lui remet une clé pour qu'il revienne quand il le désire. *Fondu au noir*.

4. Le départ de K.

Extérieur. Nuit. K. rejoint son oncle furieux. Il lui reproche son irresponsabilité. *Fondu enchaîné*.

SÉQUENCE 8 (14 min 30)

Le retour au tribunal

1. La salle de l'interrogatoire

Intérieur. Musique de Jazz. K. monte un escalier puis arrive dans une pièce. Un petit bruit attire son attention. Hilda est en train de coudre. Elle le questionne : « Vous cherchez quelqu'un ? »

Fondu enchaîné. K. pénètre dans la grande salle du tribunal vide. Hilda s'approche. Dialogue. K. consulte l'ouvrage sur la table. Hilda lui propose son aide. Ils dialoguent. *La musique change* (Adagio). Hilda raconte ses aventures à K. Un homme, Bert, les observe. *La musique cesse*. Il demande à K. de partir. Finalement, il prend Hilda sur ses épaules et se dirige vers le couloir. Il doit amener la jeune femme au juge d'instruction. K. apprend que les bureaux du tribunal se trouvent à proximité. Le couple passe une porte dans laquelle K. donne un coup de pied avant de s'en aller.

2. Les bureaux du tribunal

Intérieur. Les bureaux du tribunal. Un homme, courbé, s'approche dans les greniers du tribunal. Il rejoint K. C'est l'huissier du tribunal. Dialogue des deux hommes. Il mène K. jusqu'aux bureaux du tribunal. Les deux hommes se rendent dans une salle ou sont concentrés beaucoup d'accusés. K. les rejoint. Il dialogue avec un accusé. Avant de sortir de ces bureaux, Guard, l'huissier, lui indique un parcours très compliqué. K. passe devant une longue file d'attente puis est soudain pris de malaise. Une femme essaie de l'aider et l'escorte jusqu'à la sortie. Il sort.

3. La rencontre d'Irmie

Extérieur. *Musique*. Palais de justice. K. descend l'escalier du palais de justice. Il retrouve sa cousine Irmie qui s'inquiète de son état. Elle vient prendre des nouvelles du procès. Ils cheminent ensemble jusqu'au bureau de K.

SÉQUENCE 9 (18 min 30)

K. se sépare de son avocat

1. Le flagrant délit

Intérieur. L'appartement de l'avocat. À l'arrivée de K. chez l'avocat, Leni, en combinaison, s'enfuit. C'est donc Bloch qui l'accueille. *Musique de Jazz*. Dialogue de K. et de Bloch. Ils se dirigent vers la cuisine où se trouve Leni.

2. Le dialogue de Bloch et K.

Intérieur. La cuisine. Dialogue de K. et Leni. Il la soupçonne d'être la maîtresse de Bloch. Elle va porter à l'avocat son repas. K. et Bloch discutent. Leni informe K. qu'il est attendu. Il fait attendre l'avocat. Dialogue des trois personnages.

3. La rupture

Intérieur. La chambre de l'avocat. K. annonce à l'avocat qu'il se passera désormais de ses services. Dialogue des deux hommes. L'avocat montre à K. comment on traite un accusé : il humilie Bloch. Scandalisé, K. sort de la pièce. Leni court après lui. Elle lui donne l'adresse de Titorelli, peintre officiel du tribunal. *Fondu-enchaîné*.

SÉQUENCE 10 (9 MIN 10)

La rencontre de Titorelli

1. Les fillettes

Intérieur. Couloir d'un immeuble crasseux. K. demande son chemin à des fillettes. *Musique de jazz*. Il s'engage dans un escalier où le poursuivent beaucoup de fillettes. Il atteint l'atelier du peintre.

2. L'atelier

Intérieur. L'atelier de Titorelli. Une fois dans l'atelier, les fillettes continuent d'observer K. entre les planches constituant les parois de l'atelier. Dialogue des deux hommes. K. manque d'air, il étouffe. Titorelli lui explique le fonctionnement du tribunal. Il se lance dans une longue démonstration. Les fillettes continuent à les observer. K. se sent de plus en plus mal. Il décide de partir. Titorelli lui indique un chemin pour lui éviter d'être ennuyé par les fillettes. Mais avant son départ, le peintre parvient à lui vendre quelques-unes de ses toiles. K. se retrouve ensuite dans les bureaux du tribunal. Finalement il fait demi-tour et redescend par l'escalier. Les fillettes le poursuivent.

Intérieur. Souterrain. Il se retrouve dans un souterrain et court jusqu'à une place. *Fondu-enchaîné*.

SÉQUENCE 11 (10 min 50)

La cathédrale et la mort de K.

1. Le prêtre

Intérieur. La cathédrale. *La musique reprend* (Adagio). Un prêtre interpelle K. Court dialogue. K. se dirige vers la sortie mais rencontre son avocat.

2. L'avocat

Ce dernier lui raconte La Légende de la Loi. La silhouette de K. se détache sur les projections de l'écran d'épingles[1] déjà montré

---

[1]. *Technique de l'écran d'épingles* : sur un cadre de liège blanc, l'artiste pique des milliers d'épingles rétractables. Il appuie plus ou moins sur chacune d'entres elles puis les éclaire d'une lumière rasante. Il obtient ainsi des effets de clair-obscur.

au début du film. K. semble avancer vers la porte de la forteresse mais s'arrête. Il se retourne vers l'appareil de projection. Dialogue des deux hommes. K. s'énerve, va arrêter l'appareil. Il affirme que le vrai complot est celui de la Cour, qui veut faire croire « que le monde entier est dément, informe, absurde, chaotique et imbécile ». Avant de sortir, il croise le prêtre.

3. L'exécution de K.

Extérieur. Parvis de la cathédrale. K. rejoint deux hommes qui l'escortent dans les rues de la ville. *La Musique reprend* (Adagio). Tous les trois parcourent la ville jusqu'à arriver dans un terrain vague. K. se déshabille. Il s'allonge sur des rochers et les deux hommes se tiennent de part et d'autre de la victime qu'ils s'apprêtent à exécuter. Les deux hommes se passent l'un après l'autre le couteau. Ils finissent par s'éloigner de K. qui, resté seul, harangue les deux bourreaux. Il rit. L'un des deux hommes envoie un paquet de dynamite qu'ils ont allumé au préalable. Plan sur le nuage de l'explosion. Le leitmotiv de l'*Adagio* d'Albinoni remplace les bruits de l'explosion.

La version anglaise reste sur ce plan tandis que Welles récite les noms des interprètes (qui défilent dans la version française). Avant la fin, gros plan sur l'appareil de projection d'images fixes, puis projection de la porte refermée de l'écran d'épingles d'Alexeieff. Sur ce plan, on entend la voix *off* de Welles : « *I played the advocate and I wrote and directed this film ; my name is Orson Welles* » (« J'ai interprété l'avocat, j'ai écrit et réalisé ce film ; mon nom est Orson Welles »).

PREMIÈRE PARTIE

Résumés et repères pour la lecture du roman et du film

Nous proposons en parallèle le résumé du roman (découpé en chapitres) et celui du film (découpé en séquences et parfois en sous-séquences), ce qui permet d'évaluer les différences entre le récit de Welles et celui de Kafka. Welles a en effet modifié l'ordre du roman. Ces résumés sont suivis de repères pour la lecture du roman et du film.

L'ordre des chapitres auquel nous nous référons est celui adopté par Alexandre Vialatte dans sa traduction publiée dans la collection « Folio » des éditions Gallimard. Certaines éditions présentent les chapitres du roman dans un ordre différent.

LE FILM

GÉNÉRIQUE

La parabole de la Loi

RÉSUMÉ

Après le générique, la parabole de la Loi, qui apparaît à la fin du livre de Kafka, est contée en voix *off* et illustrée par une série de dessins d'Alexandre Alexeieff. Grâce à la technique de l'écran d'épingles[1], l'artiste présente un homme tentant de pénétrer dans une forteresse qui représente la Loi. Un gardien lui en interdit l'accès. Pendant toute sa vie, l'homme fait de vaines tentatives pour entrer. Avant de mourir, il s'étonne de n'avoir vu personne d'autre que lui tenter l'expérience. Le gardien répond que ce portail n'était destiné qu'à lui et que, désormais, il sera fermé à tout jamais. En conclusion, le narrateur ajoute : « Cette histoire est contée dans un roman, intitulé *Le Procès*. Ce qu'elle signifie ?... Ce qu'elle semble signifier ? Il n'y a ni mystère, ni énigme à résoudre. On pourrait dire que la logique de cette histoire est la logique d'un rêve... ou d'un cauchemar. »

---

1. *Technique de l'écran d'épingles* : sur un cadre de liège blanc, l'artiste pique des milliers d'épingles rétractables. Il appuie plus ou moins sur chacune d'entres elles puis les éclaire d'une lumière rasante. Il obtient ainsi des effets de clair-obscur. La lumière joue un rôle excessivement important dans cet art puisqu'elle structure l'espace.

L'intertextualité

L'écran d'épingles, au début du film, est un ajout de Welles. Il est possible d'y voir une allusion à un autre récit de Kafka : *La Colonie pénitentiaire*. Dans cette nouvelle, une machine à aiguilles écrit la sentence sur le corps du condamné. L'aiguille est donc l'instrument de la justice. En même temps, elle inflige un supplice au condamné. Elle est donc également un instrument de torture. Enfin, dans la mesure où elle sert à écrire une sentence, elle est un outil d'écriture.

On peut se demander dans quelle mesure l'écran d'épingles d'Alexeieff n'est pas une allusion à cette invention. Cet écran est en effet associé à la justice : il nous montre les portes de la Loi. Il est également lié à la souffrance causée par la justice : l'homme souffre de ne pouvoir entrer dans la forteresse. C'est enfin un outil narratif : il raconte l'histoire de la Loi. Donc, cet écran d'épingles, bien qu'imaginé par Welles, n'est pas sans rapport avec l'œuvre de Kafka. Il nous introduit d'une manière indirecte dans l'univers de cet auteur.

La place de la parabole

Dans le film, la Légende apparaît deux fois : après le générique puis à la fin du film, au cours de la dernière entrevue de K. avec son avocat. Au début du film, la parabole est racontée intégralement, mais à la fin elle est juste mentionnée. Welles pensait que si l'on conservait à la parabole sa place finale, « le public s'endormirait[1] ». Mais cet emplacement renvoie aussi à une donnée constante des films de Welles : la détermination du sens général du film par une scène inaugurale.

Une orientation de lecture

Le fondu-enchaîné qui relie le prologue à la première séquence filmique implique une étroite relation entre les deux scènes. Le

---
[1]. Voir *O. Welles, Cahiers du cinéma*, 1986.

spectateur pressent que le récit filmique puise sa source dans le prologue, la parabole de la Loi. Ce pressentiment se mue en conviction à la fin du film puisque le dernier tableau, dans la version originale, est celui sur lequel se termine le prologue. De plus, au cours du rappel de cette parabole, la silhouette de K. se confond avec celle du personnage de la parabole. Le spectateur associe donc clairement les deux histoires et perçoit ainsi certaines clés de lecture. Ce prologue a trois fonctions :
– une fonction *proleptique* : il annonce la quête et son résultat ;
– une fonction *explicative* : il donne un sens au récit ; le spectateur comprend qu'il va assister aux mésaventures d'un homme face à une justice toute-puissante ;
– une fonction *interprétative* : il propose une interprétation (il fournit davantage d'informations que le roman), puisqu'il apparente le récit kafkaïen à un « rêve » ou un « cauchemar » sans logique apparente.

Dans le roman, si la scène initiale a bien une fonction proleptique (au sens où elle annonce les mésaventures d'un individu face à la justice), elle n'est en aucun cas explicative ou interprétative.

Le prologue comme manifeste esthétique

L'écran d'épingles a été réalisé par Alexandre Alexeieff et son épouse Clara Parker. Cette technique leur a permis de se faire connaître grâce à la réalisation d'*Une Nuit sur le mont Chauve* de Moussorgski, en 1933. Le choix d'Alexeieff par Welles n'est pas anodin. Il choisit en effet un artiste réputé dans une technique où la lumière joue un rôle primordial. L'éclairage des tableaux du prologue, les jeux d'ombre et de lumière, se rapprochent de l'esthétique des films expressionnistes. Le prologue annonce ainsi l'importance des effets de lumière dans le film. Welles accorde en effet un grand rôle aux contrastes. Ce parti pris esthétique est parfaitement adapté à l'expression des apparences trompeuses.

LE ROMAN

CHAPITRE PREMIER (pages 23 à 58)

Arrestation de Joseph K. Conversation avec Mme Grubach puis avec Mlle Bürstner

RÉSUMÉ

Un matin, Joseph K., fondé de pouvoir d'une grande banque âgé de trente ans, est soudainement réveillé par des inconnus (deux gardiens et un inspecteur). Ils ont été envoyés par le tribunal et procèdent à son arrestation sans en donner la raison. En dépit de cet événement, l'accusé est laissé en liberté et rejoint son lieu de travail accompagné de trois de ses collègues, Rabensteiner, Kullich et Kaminer, amenés par l'inspecteur pour que l'arrestation passe aussi inaperçue que possible au sein de la banque. Dans l'incompréhension de ce qui lui arrive, K. tente de poursuivre une vie normale. Le soir de son arrestation, il s'excuse auprès de sa logeuse, Mme Grubach, du dérangement du matin et tente d'éclaircir la situation. Quand sa voisine, Mlle Bürstner, rentre du théâtre, tard le soir, il lui raconte son étonnante arrestation puis la quitte après l'avoir embrassée.

LE FILM

SÉQUENCES 1 ET 2

RÉSUMÉ

Séquence 1 : À son réveil, Joseph K. s'aperçoit qu'un inconnu est dans sa chambre. Il s'est introduit par la porte communiquant avec la chambre de sa voisine, Mlle Bürstner. Pendant que l'homme lui pose une série de questions, K. se dépêche de s'habiller et finit par perdre patience. L'homme lui apprend alors qu'il est arrêté. Deux autres hommes (des policiers?) investissent les lieux et poursuivent l'interrogatoire. Ils lui disent que trois employés de sa banque se trouvent dans la chambre de sa voisine. K. s'y précipite et découvre en effet Rabenstein, Kublick et Kaminer. Au cours de son petit déjeuner préparé par sa logeuse, Mme Grubach, il apprend que ses collègues ont fouillé la chambre de Mlle Bürstner. Il s'énerve et les fait sortir. L'inspecteur, avant de partir, lui indique qu'il reste en liberté en dépit de cette arrestation. Alors que Mme Grubach et K. demeurent sur le balcon, Mlle Bürstner rentre de son travail. La logeuse fait des remarques déplacées sur la jeune femme et K., toujours énervé, la quitte pour rejoindre sa voisine. Il veut lui expliquer la situation et lui apprendre l'intrusion des inconnus dans sa chambre. Mlle Bürstner perd patience et renvoie K. chez lui.

Séquence 2 : K. rejoint son bureau. Il travaille dans une banque gigantesque. Alors qu'il va déposer un paquet dans un petit réduit de l'établissement, le directeur le surprend. K. explique qu'il s'agit d'un cadeau d'anniversaire. En pleine discussion avec son directeur, il se trouve embarrassé par sa cousine Irmie, venue le chercher sur son lieu de travail. Le directeur demande l'âge de la jeune fille, il soupçonne K. de détournement de mineure et d'inceste. K. réprimande sa cousine.

REPÈRES POUR LA LECTURE DU ROMAN ET DU FILM

Une curieuse arrestation

L'arrestation de Joseph K., dans le film comme dans le roman, est atypique. Au niveau de la procédure, on relève bon nombre de dysfonctionnements : l'accusé est arrêté sans mandat, sans raison apparente et laissé en liberté. Par ailleurs, l'identité des hommes qui l'arrêtent n'est, à aucun moment, révélée. Orson Welles souligne le caractère incongru de la situation. Il modifie certains détails de la diégèse[1]. À son réveil, par exemple, l'inspecteur entre

---

1. *Diégèse* : (du grec *diegesis*, « histoire ») ensemble des événements racontés.

sans frapper dans la chambre de K. alors que dans le roman il frappe à la porte (p. 23). Cette modification accentue la dimension arbitraire et angoissante de l'arrestation : l'inspecteur s'est introduit dans la chambre sans autorisation, au mépris des lois du monde démocratique.

Un témoignage personnel

Le Procès est un récit écrit à la troisième personne par un narrateur qui adopte le point de vue de K. L'auteur choisit donc de mêler à la voix d'un narrateur omniscient celle de K. afin de rendre compte de la vie intérieure du protagoniste. Il exhibe et cache ainsi la vie intime d'un personnage qui ne se dévoile que partiellement. Le lecteur perçoit les sentiments du personnage : de nombreux verbes et substantifs renvoient à son intériorité (« L'idée lui vint », p. 24). Quant au spectateur, il a accès aux impressions du personnage, par le biais notamment des nombreux gros plans sur le visage de K., et par l'emploi de la caméra subjective qui présente la vision de K. : plan sur les visages de ses collègues. Le récit apparaît donc d'emblée comme un témoignage intime, la description d'un monde intérieur.

Un espace clos qui traduit l'angoisse du personnage

La situation initiale présente un lieu clos, la chambre, qui n'a pas seulement une valeur référentielle. L'espace clos de la chambre, envahie par ses visiteurs, est en effet symbolique du monde intérieur de K. Cette dimension symbolique est particulièrement mise en évidence dans le film. Il est en effet significatif que Welles ait choisi d'introduire son film par un très long plan-séquence, dont la durée correspond au temps intérieur de K., dans une chambre relativement étroite, cet espace symbolisant l'anxiété du personnage. De nombreux procédés filmiques, comme la profondeur de champ[1], les angles de prises de vue[2], le *diffuse-light*[3], mais aussi

---

1. *Profondeur de champ* : zone de netteté dans l'axe de la prise de vue.
2. *Angles de prises de vue* : place de la caméra par rapport au sujet.
3. *Diffuse-light* : lumière diffuse.

les plafonds bas, des cadres clos sont utilisés pour accentuer la fermeture de l'espace et ainsi susciter l'angoisse du spectateur.

Un ajout révélateur

Orson Welles ajoute une scène: la visite de la cousine de K. à la banque. Cet épisode est en fait l'adaptation filmique du contenu d'une lettre évoquée au chapitre VI (pp. 126-127), adressée par la cousine de K. à son père, l'oncle de K. Elle l'informe du procès de son neveu. La jeune fille, prénommée Erna dans le roman, indique qu'elle est allée rendre visite à son cousin à la banque mais qu'elle n'a pas pu le voir : il était alors en pourparlers en raison de son procès. Dans le film, la jeune fille, prénommée Irmie, est bien plus jeune (15 ou 16 ans), ce qui permet au directeur de faire allusion à un éventuel détournement de mineure. Par ailleurs, K. voit sa cousine à travers la vitre et demande à sa secrétaire de la renvoyer. Cette attitude lui sera reprochée par son oncle. Il est donc coupable aux yeux de son directeur et de son oncle. Cet ajout a pour fonction de noircir le portrait de K.

LE ROMAN

CHAPITRE II (pages 58 à 67)

L'amie de Mlle Bürstner

RÉSUMÉ

K. épie sa voisine pour lui parler de nouveau. Mais Mlle Bürstner l'évite après leur première discussion. Des bruits dans le vestibule l'intriguent. La conversation avec Mme Grubach l'éclaire sur l'origine de ces bruits : Mlle Montag, logée aussi par Mme Grubach, déménage pour aller vivre chez son amie, Mlle Bürstner. Mlle Montag se fait la porte-parole de son amie ; elle dit à K. que Mlle Bürstner ne souhaite pas le revoir.

LE FILM

SÉQUENCE 3

RÉSUMÉ

Le soir venu, K. rencontre une femme au pied bot affublée d'une énorme malle, Miss Pittl. Il propose de l'aider mais elle refuse obstinément. Reconnaissant la malle de sa voisine, K. se renseigne sur les relations entre cette femme et Mlle Bürstner. Il apprend que c'est l'une de ses amies. Elle l'aide à déménager, Mme Grubach l'ayant congédiée à cause de lui.

REPÈRES POUR LA LECTURE

La relation problématique avec les femmes

Davantage synonyme de conflit que d'harmonie, la relation de K. avec les femmes conduit le plus souvent à un échec et au départ précipité du protagoniste. Le premier échange avec Mme Grubach aboutit, dans le roman comme dans le film, à une discorde. L'échange avec Mlle Bürstner n'est pas plus satisfaisant.

Orson Welles souligne le conflit entre K. et les femmes en mettant en évidence leurs réactions agressives : Mlle Bürstner le congédie violemment, puis son amie refuse obstinément de le laisser porter sa malle. La cousine, venue chercher K. à son bureau, est également source de discorde, mais cette fois c'est K. qui est exaspéré. Les autres personnages féminins ne seront pas davantage capables de créer avec K. une relation harmonieuse et paisible.

Mlle Bürstner, moteur de l'action ?

Le thème de la séduction comme élément déclencheur est important chez Kafka : dans *L'Amérique*, c'est la séduction qui est la cause du voyage du protagoniste en Amérique. Ici, plusieurs indices, depuis la « faute inutile » (p. 67) commise en entrant dans la chambre de Mlle Bürstner, jusqu'à l'apparition fugitive de sa silhouette avant l'exécution (p. 276), suggèrent que les relations entre K. et cette femme sont la cause du processus judiciaire. Le film de Welles est d'emblée plus explicite : les deux premières questions du policier portent sur Mlle Bürstner. Après un bref échange relatif à cette femme, les policiers mènent l'interrogatoire dans sa chambre. Quant à l'amie de Mlle Bürstner, dans le roman comme dans le film, elle sert, par son refus, essentiellement à mettre en évidence les relations coupables avec sa voisine. Même s'il occupe une place quantitativement peu importante, ce personnage joue donc, au même titre que celui de Mlle Bürstner, un rôle actantiel de premier plan : Mlle Bürstner est un moteur de l'action, auquel son amie (Mlle Montag dans le roman, Miss Pittl dans le film) sert de faire-valoir.

LE ROMAN

CHAPITRE III (pages 68 à 87)

Premier interrogatoire

RÉSUMÉ

K. est convoqué par téléphone à son premier interrogatoire. Au tribunal, il se trouve confronté à d'autres employés de justice : un juge, un étudiant et un huissier. L'interrogatoire ressemble à une mise en scène politique regroupant des partis. K. harangue l'auditoire et incrimine l'institution, il condamne le « non-sens de l'ensemble d'un tel système » (p. 84). Son discours est finalement interrompu par l'indiscrétion d'un couple (la jeune laveuse et l'étudiant Berthold) qui divertit l'assemblée. Agacé, K. quitte le tribunal et se rend compte qu'il a perdu son temps.

LE FILM

SÉQUENCES 4 ET 5

RÉSUMÉ

Séquence 4 : Alors que K. est au théâtre, on lui annonce la présence de l'inspecteur dans le hall. K. le suit. Ils rejoignent deux autres hommes ; il apprend qu'il doit se rendre au plus vite au tribunal.

Séquence 5 : K. traverse alors une grande plaine où se dresse une statue voilée. Plus loin, il croise des hommes et des femmes âgés, à demi-nus, affublés d'une pancarte autour du cou. K. arrive finalement dans une grande pièce vide où Hilda, une jeune femme, lave du linge. Elle le conduit dans la grande salle du tribunal. K. est attendu. On lui demande s'il est peintre en bâtiment. Cette erreur est l'occasion, pour K., de se livrer à la condamnation du système. Mais son discours est interrompu par le badinage d'un couple dans le fond de la salle. Exaspéré, K. quitte le tribunal en dépit des menaces proférées par le juge. Les portes qu'il referme sont démesurément grandes.

REPÈRES POUR LA LECTURE DU ROMAN ET DU FILM

Une curieuse institution

Le tribunal agit dans le cadre d'une véritable institution dont le but est de rendre la justice en vertu de lois écrites. Son personnel est spécialisé et hiérarchisé. Le tribunal comporte un certain nombre de caractéristiques topiques, conventionnelles, de l'appareil judiciaire. Cependant, le procès de K. révèle les dysfonctionnements de cette justice – dysfonctionnements que l'accusé met en lumière au cours de son premier interrogatoire. Il souligne son absence de rigueur : le juge d'instruction lui demande s'il est peintre en bâtiments (p. 77) ; sa corruption : il condamne les actes des inspecteurs « sans moralité » au cours de son arrestation (p. 81).

Dans le film, Welles met en scène l'absence de rigueur du tribunal. Il présente une salle éclatant de rire lorsque le juge se trompe au sujet de la profession de K. Dans le roman, seule la moitié droite de la salle rit, la moitié gauche restant calme (p. 78). Welles accentue donc le comique de situation par le rire unanime de la salle. Ces rires, qui sont de surcroît mis en valeur par le silence qui les précède, soulignent l'absence de fiabilité de l'institution. Par ailleurs, la désinvolture du tribunal est indiquée par le mauvais état de l'ouvrage que saisit K. Il correspond au registre du juge. Le geste de K., prenant le livre sur la table des « magistrats » pour le jeter à terre (dans le roman le cahier tombe sur la table, p. 79), souligne l'insignifiance de cet objet. Le décalage entre le nom « registre » et son référent, un ridicule petit ouvrage, met donc en valeur l'absence de sérieux de cette institution.

La parodie d'un discours judiciaire

La plaidoirie de K. est la parodie[1] d'un discours de rhétorique judiciaire. D'abord, K. déclare ne pas chercher « un succès d'orateur » (p. 80), bien qu'il organise son discours selon les règles de la rhétorique judiciaire, en quatre parties : exorde (introduction), narration (récit des faits), confirmation (exposé des arguments avec opinion de l'orateur), péroraison (conclusion avec demande du verdict). Ensuite, son exorde est absurde : « Que je sois venu trop tard ou pas, maintenant je suis ici » (p. 76). La narration (pp. 78-82), quant à elle, est très longue, ponctuée d'intermèdes comiques (par exemple, l'erreur sur le métier de K. commise par le juge), confuse (K. se perd en détails). La confirmation (pp. 82-84), également longue et fractionnée, est en contradiction avec les usages, car elle lui sert surtout à affirmer son indifférence à l'égard du procès. Enfin, la péroraison, comique, est théâtrale (K. lève les bras au ciel, il a besoin « de quelque espace pour s'exprimer », p. 86); elle est interrompue et K. ne demande rien, il se contente d'invectiver l'auditoire.

---

1. *Parodie* : procédé qui consiste à imiter un modèle en le dénaturant. Souvent, cette imitation est caricaturale et comique. Toutefois, le rire n'est théoriquement pas nécessaire, seul importe le décalage avec le modèle.

Alors que chez Kafka la parodie peut faire rire (le lecteur est tenté de se moquer de K.), dans le film elle est angoissante. K. entre et redoute l'affrontement. Il est hésitant, timoré, c'est un enfant qui le mène, ou plutôt l'entraîne, jusqu'au bureau du juge. Ces réticences accentuent sa crainte. K. ne semble pas avoir le courage de se défendre. Par ailleurs, l'opposition entre sa posture instable, sur le bord de l'estrade, et celle de l'orateur traditionnel est symptomatique de son manque d'aisance. Il prend appui sur la table du juge et ne semble pas libre de ses mouvements. Sa position, entre le bureau du juge et le vide, est d'ailleurs symbolique de son existence actuelle: il est poussé par l'instruction vers l'inconnu, le précipice et la mort. Le vertige de K., qui se retient au bureau, annonce ses futurs malaises et dénote surtout ses difficultés à se défendre dans un univers hostile.

L'échec de la plaidoirie de K.

La plaidoirie de K. est sans efficacité sur les allocutaires. Elle se solde par un échec, dû à la présence perturbatrice d'un couple.

Dans le film, la mise en scène de la plaidoirie est particulièrement significative de cet échec. Au début, K. est dans une posture physiquement et psychologiquement confortable, debout sur l'estrade. Cette domination de l'espace et de l'auditoire est renforcée par la contre-plongée. Mais petit à petit les angles de prise de vue évoluent, ainsi que la posture du personnage, qui redescend de l'estrade pour sortir et K. perd cette supériorité. Avant de refermer les portes du tribunal, la plongée écrase K. De plus, un plan de demi-ensemble le montre refermant des portes démesurément grandes: il semble ridicule, minuscule, écrasé par le poids de l'institution symbolisée par ces portes. Ce passage d'une posture confortable de supériorité à une posture inconfortable d'infériorité est mimétique d'une part de la chute de l'intérêt de l'auditoire, d'autre part de l'absence d'efficacité réelle de son discours.

Par ailleurs, les plans de demi-ensemble enferment K. dans les structures métalliques de l'architecture. La mise en scène souligne ainsi l'impression d'isolement, de persécution, d'emprisonnement.

En outre, dès l'entrée de K. dans cette salle, Hilda referme la porte en prenant soin de signaler que « personne d'autre ne doit entrer ». L'isotopie de l'emprisonnement est donc omniprésente dès l'ouverture de cette séquence.

LE ROMAN

CHAPITRE IV (pages 87 à 115)

Dans la salle vide. L'étudiant. Les greffes

RÉSUMÉ

Le dimanche suivant, K. décide de retourner, sans convocation, dans la même salle pour un nouvel interrogatoire. La salle est vide mais il rencontre la femme de l'huissier du tribunal. Elle lui propose alors son aide en échange d'une relation amoureuse. Il refuse sous le regard menaçant de son amant, un étudiant en droit (Berthold). Ils se séparent. K. rencontre par la suite l'huissier qui se lamente des infidélités de sa femme. Après l'avoir quitté, K. éprouve un très grand malaise. Une jeune femme et un homme l'aident à retrouver la sortie.

CHAPITRE V (pages 116 à 124)

Le bourreau [Le fouetteur]

RÉSUMÉ

Un soir, K. sort tard de la banque : du couloir, il entend des soupirs dans un cabinet de débarras. Il ouvre brusquement la porte et découvre les deux gardiens de son arrestation qu'un bourreau s'apprête à fouetter. Il propose de l'argent au bourreau pour leur éviter les coups mais il échoue. Ils sont condamnés pour avoir tenté de subtiliser les chemises de l'accusé. Le lendemain, lorsque K. passe de nouveau devant ce cabinet, rien n'a changé : « Tout était exactement tel qu'il l'avait trouvé la veille en ouvrant la porte » (p. 123). K. ne veut pas assister au supplice et ferme la porte.

LE FILM

SÉQUENCE 6, SOUS-SÉQUENCES 1 ET 2

Alors qu'il est dans son bureau, K. est troublé par les gémissements provenant d'un cabinet de débarras. Il y découvre les deux policiers de son arrestation et un bourreau en train de les fouetter. Ils sont accusés d'avoir tenté de voler les chemises de K. Ce dernier est horrifié et essaie de les défendre mais le bourreau est incorruptible.

REPÈRES POUR LA LECTURE DU ROMAN ET DU FILM

La corruption de la justice

Dans le roman, le chapitre IV met en évidence la corruption morale de la justice à travers deux motifs : d'une part la femme de l'huissier, qui est infidèle et dépourvue de toute morale ; d'autre part le livre des juges, dans lequel K. trouve « une gravure indécente » (p. 90). Cette corruption morale est illustrée dans le chapitre V par la scène du châtiment des gardiens, où la justice est rendue par un bourreau sado-masochiste[1]. Sa tenue est suggestive : « Vêtu d'une sorte de combinaison de cuir sombre très décolletée qui lui laissait les bras entièrement nus » (p. 116-117). Dans le film, la « combinaison » sado-masochiste est remplacée par un imperméable en cuir évoquant irrésistiblement celui des tortionnaires de la gestapo.

La corruption de la justice est aussi d'ordre vénal. Dans le film, lorsque K. arrive dans le cabinet de débarras, l'un des premiers mots employés par les sous-inspecteurs est « corruption ». Ils sont fouettés car K. les aurait accusés de corruption. Dans le roman, l'explication des deux hommes est plus évasive : « Nous devons être fouettés parce que tu t'es plaint de nous au juge d'instruction » (p. 117).

---

[1]. Voir G. Deleuze et F. Guattari, *Kafka*, éditions de Minuit, 1975, pp. 124-125.

L'« inquiétante étrangeté »

Le châtiment des gardiens relève de ce que Freud appelle l'*Unheimlich*, l'« inquiétante étrangeté », sentiment qui naît d'un subtil glissement du normal vers l'anormal[1]. On constate en effet que la pièce dans laquelle ils sont fouettés est « un cabinet de débarras » (p. 116) au sein de la banque. La présence de ces trois hommes dans une telle pièce est doublement incongrue : dans le « monde normal », un bourreau ne fouetterait pas ses victimes dans un débarras ni dans une banque. Le contraste entre les dimensions très réduites de cette pièce (c'est un « cabinet ») et l'immensité de la banque produit également un effet d'étrangeté. Le débarras est donc un minuscule espace d'anormalité, où l'univers carcéral vient parasiter de l'intérieur l'univers bancaire.

Dans le film, Welles insiste sur « l'inquiétante étrangeté » de cet épisode. Il renforce l'exiguïté du cabinet : l'espace est resserré, les prises de vue écrasent les sujets, vus en contre-plongée[2] ; certains plans mettent en valeur leur angoisse : plans rapprochés[3], gros plans[4].

LE ROMAN

CHAPITRE VI (pages 124 à 149)
L'oncle. Leni

RÉSUMÉ

K. reçoit la visite de son oncle à la banque. Ayant appris, par une lettre de sa fille, la condamnation de son neveu, il a décidé de prendre en main la défense de K., pour l'honneur de la famille. Sur les conseils de son oncle, K. accepte donc de prendre un avocat. Ils se rendent tous les deux chez M⁰ Huld, avocat qui jouit d'une très bonne répu-

---

1. S. Freud, *L'Inquiétante Étrangeté et autres essais*, Gallimard, coll. « Folio/Essais ».
2. *Contre-plongée* : la caméra est placée sous le sujet. Les formes sont allongées.
3. *Plan rapproché* : il cadre le personnage à partir de la taille ou du buste.
4. *Gros plan* : il cadre la tête du personnage.

tation. Mais celui-ci est malade et alité. Son infirmière, la charmante Leni, les fait pourtant entrer. Huld est au courant du procès; K. en est très surpris. L'avocat fait alors sortir d'un coin sombre de la chambre « M. le Chef de bureau ». Huld accepte de s'occuper de l'affaire de K. Celui-ci se montre pourtant indigne de cet honneur, puisqu'il s'absente un certain temps pour retrouver Leni qui, par un habile subterfuge, l'a attiré vers elle. Quand il rejoint son oncle dans la rue, celui-ci lui reproche son attitude irresponsable.

LE FILM

SÉQUENCE 6, SOUS-SÉQUENCE 3 ;

SÉQUENCES 7 ET 8 (correspondant au chapitre IV du roman)

RÉSUMÉ

Séquence 6, sous-séquence 3 : Après avoir appris par Irmie, sa fille et donc la cousine de K., l'arrestation de son neveu, l'oncle de K. se rend à la banque. Il veut éclaircir les raisons de la condamnation. K. l'en dissuade. Il entend de nouveau des bruits émanant du débarras et retrouve les deux policiers, fouettés, qui se collent du sparadrap sur la bouche afin que leurs hurlements ne soient pas entendus. K. rejoint son oncle qui lui propose de prendre un avocat qu'il connaît bien, Me Hastler (dénommé Me Huld dans le roman).

Séquence 7 : K. et son oncle sont reçus par Leni, qui les informe de la maladie de l'avocat. Alité, l'avocat reçoit malgré tout les deux hommes. Il informe K. qu'il connaît son affaire. Ce dernier s'en étonne. Me Hastler signale la présence d'un greffier du tribunal – passé jusqu'alors inaperçu – dans la chambre. Un bruit de verre brisé attire l'attention de K. Il quitte l'avocat pour rejoindre Leni, qui l'entraîne dans une salle pour lui « faire l'amour ». Ils sont interrompus par les appels de l'avocat qui recherche la jeune femme. K. s'échappe. En ouvrant des portes, il rencontre Bloch, un vieil homme assis sur un lit dans une petite pièce insalubre. Leni refuse de révéler son identité. Elle donne à K. une clé pour qu'il puisse revenir à sa guise. Lorsqu'il rejoint son oncle dehors, il se fait réprimander.

Séquence 8 : K. se rend au tribunal une autre fois. Il rencontre Hilda, la laveuse, qui l'informe que la cour ne siège pas aujourd'hui. Il rentre dans la salle de tribunal avec Hilda. Celle-ci déclare être l'épouse de l'huissier. Sur l'estrade, K. en profite pour consulter les ouvrages de la justice. Il découvre une gravure obscène. Hilda tente de le séduire. Elle lui indique que le juge est amoureux d'elle et qu'elle pourrait avoir une influence positive sur son jugement. Leur discussion est interrompue par un étudiant amoureux d'Hilda qui emmène celle-ci en dépit de ses protestations.

REPÈRES POUR LA LECTURE
DU ROMAN ET DU FILM

Une figure paternelle

L'oncle de K. est le père d'Erna, cette jeune fille de dix-huit ans qui informe son père du procès. Unique membre de la famille de K. présent physiquement dans le roman, il est le substitut de la figure paternelle en rappelant à l'accusé ses devoirs et en exerçant sur lui une certaine autorité (il parvient à l'emmener chez l'avocat). Cet homme joue plusieurs rôles dans l'affaire de son neveu. D'abord, il l'incite à se défendre. C'est lui qui pousse K. à aller chez l'avocat. Mais ensuite, et paradoxalement, il culpabilise son neveu. À l'issue de l'entretien de K. et de l'avocat, il met en effet en évidence l'irresponsabilité du neveu qui s'est éclipsé pour flirter avec l'infirmière de Mᵉ Huld.

Le comédien qui incarne l'oncle met en valeur l'autorité du personnage. Il apparaît comme un véritable père en prenant les choses en mains. Dès le début du dialogue, dans la séquence 6, l'oncle l'appelle, de manière tout à fait symptomatique, « mon garçon » ou encore « mon petit ». Après un moment de calme et de patience, l'oncle s'énerve, frappe sur le bureau et hausse le ton pour faire réagir K. comme s'il était son père, il le dispute et accumule les reproches avant même de se rendre chez l'avocat. K. a commis en effet une erreur supplémentaire : il a laissé Irmie à la porte lors de sa dernière visite au bureau.

L'évolution du personnage

Jusqu'alors, K. se laisse porter par les événements. Il ne pense à sa défense qu'à partir de la visite de son oncle. Car il consent, après avoir rencontré son oncle, à accepter l'aide d'un avocat. Il s'agit donc d'une évolution du personnage qui, à partir du chapitre VI, accepte l'aide extérieure. Dès lors vont se succéder des intermédiaires (l'oncle, l'industriel) dont le rôle est de mettre K. en relation avec des individus susceptibles de l'aider : Me Huld, l'avocat, et Titorelli, le peintre. Mais K. adopte une attitude paradoxale. Au cours du dialogue avec son oncle, il dénonce le caractère criminel de son procès (p.127), mais en même temps il s'étonne de devoir prendre un avocat : « Je ne savais pas, dit-il, qu'il fallût prendre un avocat dans une affaire de ce genre » (p. 132). K. ne semble pas convaincu de l'utilité d'un avocat.

Dans le film, c'est surtout l'indifférence de K. qui est mise en avant. À aucun moment, il n'est question de la gravité de l'affaire. K. veut congédier son oncle. Il va même jusqu'à chercher de mauvais arguments pour justifier le fait qu'il ne se préoccupe pas de sa défense: « Je suis en plein travail. » Cette réplique semble d'autant plus injustifiée qu'elle est contredite par le fait que c'est la fin de la journée : tous les employés se lèvent pour partir.

LE ROMAN

CHAPITRE VII (pages 149 à 208)

L'avocat, l'industriel et le peintre

RÉSUMÉ

L'avocat se révèle incompétent dans cette affaire. À sa banque, K. rencontre un industriel qui lui fait une lettre de recommandation pour Titorelli, un peintre du tribunal susceptible de l'aider. K. quitte la banque, laissant le directeur adjoint s'occuper des clients qui patientent. Il se rend chez Titorelli, qui vit dans un minuscule et misérable appartement dont l'accès est rendu difficile par l'omniprésence de fillettes dans la cage d'escalier. Titorelli apprend à K. qu'il dispose de trois solutions : l'acquittement réel (impossible à obtenir), l'acquittement apparent, ou l'atermoiement illimité (ces deux dernières solutions analogues sont absurdes). Au cours de la discussion, K. se sent mal. La discussion est écourtée. K. quitte le peintre après lui avoir acheté, contraint, trois toiles.

CHAPITRE VIII (pages 208 à 246)

M. Block le négociant. K. se défait de son avocat

RÉSUMÉ

K. se rend chez son avocat. Il surprend Leni et le négociant Block, lui aussi client de Me Huld. Leni semble être la maîtresse de cet homme. Après avoir dialogué avec le négociant, K. rejoint Me Huld qui l'informe de la frivolité de Leni. Elle séduit tous les accusés et en parle parfois à l'avocat pour le distraire (p. 230). K. apprend à l'avocat qu'il lui retire le soin de le représenter. Me Huld appelle alors Block et l'humilie devant K.

LE FILM

SÉQUENCE 8, SOUS-SÉQUENCES 2 ET 3 ;

SÉQUENCES 9 ET 10 (correspondant au chapitre VII du roman)

RÉSUMÉ

Séquence 8, sous-séquences 2 et 3 : K. rencontre l'huissier, qui se lamente sur son sort. Il conduit K. dans les bureaux du tribunal où une foule d'accusés attend. Pris de malaise, K. veut sortir mais l'huissier lui indique un chemin fort compliqué. Après avoir parcouru bon nombre de couloirs infinis, K. rencontre un secrétaire qui le guide vers la sortie. Dehors, Irmie l'attend et l'informe de l'inquiétude de la famille. K. lui fait part de ses intentions de congédier Hastler, qui ne lui inspire pas confiance.

Séquence 9 : Lorsqu'il arrive chez Hastler, K. surprend Bloch et Leni en combinaison. Il comprend alors leur liaison. Ils se retrouvent tous les trois dans la cuisine, où Bloch dévoile son identité: c'est aussi un accusé, client de Hastler. Alors que Leni est allée prévenir l'avocat de la présence de K., Bloch raconte son histoire, il expose ses relations avec Hastler et explique la procédure à suivre. Déterminé à renoncer aux services d'Hastler, K. regagne la chambre de l'avocat où ce dernier humilie Bloch. Exaspéré, K. finit par quitter la maison. Leni lui indique alors l'adresse du peintre de tribunal Titorelli, qui peut l'aider dans son affaire.

Séquence 10 : K. rejoint l'immeuble de Titorelli. En montant l'escalier, il se renseigne auprès de fillettes sur l'endroit exact où habite le peintre. Les fillettes le lui indiquent puis le harcèlent. K. tente de leur échapper et se précipite chez le peintre. Les fillettes ne cessent de les observer à travers les parois de l'atelier. Le peintre fournit à K. de nombreux renseignements concernant les procédures à suivre. Mais K. est pris de malaise. Avant qu'il ne parte, Titorelli lui vend une série de trois tableaux. Il lui ouvre ensuite une porte derrière son lit, donnant sur les bureaux du tribunal. K. renonce à retourner dans le tribunal et choisit d'affronter les fillettes. Il redescend très vite et finit par les semer. Il arrive devant une cathédrale silencieuse.

REPÈRES POUR LA LECTURE

La métamorphose de K.

À partir du chapitre VII, K. évolue. Il prend conscience de l'inutilité de son avocat, qui ne lui demande presque rien et disserte des heures entières sans faire avancer le procès : « Sa défense n'était pas en bonnes mains » (p.162). Il choisit donc de se défendre seul : « Il était absolument nécessaire que K. intervînt lui-même » (p.163, voir aussi p. 170). La prise de conscience est parfaitement décrite, le lecteur a accès à la psyché du personnage (pp. 162-167). La durée intérieure est mise en valeur par l'évocation du temps de la réflexion : « Deux heures, un temps énorme, un temps précieux, à rêvasser » (p. 166). La métamorphose intérieure est donc clairement identifiable.

Dans le film, cette métamorphose est évoquée au cours de l'échange verbal avec Irmie. Sa rencontre, à la sortie du tribunal, a été ajoutée par Welles. Elle permet de rendre compte des réflexions de K. Au cours du dialogue, ce dernier évoque son désir de rompre avec l'avocat : « Je songe sérieusement à me débarrasser du vieil ami d'enfance de ton père. »

Les dysfonctionnements de la justice

Le chapitre VII décrit très clairement les dysfonctionnements de la justice. L'accusé et l'avocat n'ont jamais accès aux dossiers ni à l'acte d'accusation, qui restent donc « secrets » (p. 151). L'avocat n'a toujours pas rédigé la première requête et ne pose aucune question à son client : il n'y a aucun dialogue entre les deux personnages. Par ailleurs, les méthodes judiciaires restent impalpables et secrètes (pp.150-151). Dans ces conditions, il paraît difficile de se défendre. L'organisation de la justice laisse « à désirer » (p.153).

Dans le film, il n'y a pas de réel échange verbal entre l'avocat et K. Cette absence de communication est perceptible dans la mise en scène de la première rencontre (séquence 7). K. reste toujours en retrait. Les plans sur K. ne sont pas centrés. Quant à l'avocat, il ne reste pas face à K. mais circule dans la pièce. Le premier échange entre K. et l'avocat s'effectue sous le signe de l'incompréhension. Le cadrage et l'absence de champ/contre-champ[1], traditionnellement utilisés au cours des dialogues, suggèrent l'absence de communication entre l'avocat et l'accusé. Par ailleurs, le visage recouvert de l'avocat symbolise l'hermétisme de la justice, son inaccessibilité.

---

1. *Champ* : partie de l'espace montrée à l'écran. *Contre-champ* : espace opposé au champ.

LE ROMAN

CHAPITRE IX (pages 246 à 273)

À la cathédrale

RÉSUMÉ

K. est chargé par le directeur adjoint de sa banque de recevoir un client italien et de lui faire visiter la cathédrale. À l'heure du rendez-vous, le client n'est pas là. K. rentre donc dans le monument. Il observe les différentes œuvres d'art et rencontre un abbé, qui est aussi aumônier de la prison. L'abbé lui raconte l'histoire du gardien de la porte. Il l'informe que son affaire est connue et qu'elle tourne mal.

LE FILM

SÉQUENCE 11, SOUS-SÉQUENCE 1

RÉSUMÉ

K. est dans une cathédrale. Du haut de sa chaire, un prêtre lui apprend qu'il a perdu son procès, qu'il est condamné. Hastler apparaît et reproche à K. de l'avoir quitté. K refuse de les écouter.

REPÈRES POUR LA LECTURE
DU ROMAN ET DU FILM

La parabole de la Loi : une mise en abîme

Dans le roman de Kafka, la parabole racontée par l'abbé (p. 263) fonctionne comme un méta-récit : ce segment narratif enchâssé, supporté par un personnage auquel le narrateur principal cède la place, expose des événements survenus dans le roman : l'homme est, dans une certaine mesure, assimilable à K., qui attend que la Loi s'ouvre à lui. Le récit des tribulations de K. est donc mis en abîme : par un « effet de miroir », ce récit se prend lui-même pour objet. Cette mise en abîme permet d'éclairer rétrospectivement l'histoire de K.: ce dernier est, devant la Loi, dans une attente infinie, vouée à l'échec.

Dans le film figure également une mise en abîme. Hastler projette à K. le prologue du film (l'écran d'épingles). Le protagoniste regarde donc un extrait du film qui vient de raconter ses propres mésaventures. Le film se prend ainsi lui-même pour objet, par l'intermédiaire de l'appareil de projection. Cette mise en abîme est, elle aussi, révélatrice du sens du film : la silhouette de K. se confondant avec celle de l'homme qui attend, le spectateur associe les deux destinées.

Par ailleurs, l'élimination du prêtre au profit de l'avocat permet au cinéaste de jouer sur son propre rôle. En projetant sur un écran de cinéma la parabole de la Loi, Hastler devient le réalisateur d'un film, comme Welles lui-même. Cette scène nous introduit donc dans l'envers du décor. K. est l'image du spectateur, son reflet : « je l'ai déjà entendue, tout le monde l'a entendue » (« tout le monde », c'est-à-dire les spectateurs). En se mettant en scène en tant que réalisateur, Welles renforce l'idée selon laquelle le monde du *Procès* n'est qu'illusions : K. est-il un personnage ou un spectateur? Welles est-il un cinéaste ou un personnage?

Les sens de la parabole

La parabole, qui de prime abord peut donner l'espoir d'éclairer le sens du roman, n'est pas très facile à interpréter. Il existe deux grandes traditions interprétatives du roman. La première concentre surtout ses analyses sur l'aspect juridique et social. Elle considère que cette parabole délivre un sens politique, préfigurant les régimes totalitaires par la mise en scène d'un ordre supérieur. La seconde s'intéresse davantage à la portée métaphysique du texte. Dans cette perspective, le roman est considéré comme une parabole des relations entre l'homme et un Dieu caché. L'homme est coupable d'être né, la Loi est la Loi de Dieu. Ces deux interprétations permettent de souligner la richesse d'une œuvre qui résiste à l'application d'une grille de lecture unique. Dans la séquence filmique, le prêtre cède la place à l'avocat qui est incarné par Welles. Cette substitution peut signifier que Welles a choisi l'interprétation politique et juridique aux dépens de l'interprétation métaphysique. En effet, Hastler n'hésite pas à monter dans la chaire pour prendre la place de l'abbé. Welles évacue ainsi toute interprétation théologique.

S'il est difficile, à partir du roman, de proposer une interprétation satisfaisante du sens global de la parabole, il n'est pas plus facile de comprendre le sens de certains passages en particulier. À la fin de la parabole, le gardien indique à l'homme : « Cette entrée n'était faite que pour toi, maintenant je pars, et je ferme [la porte] » (p. 265). Il est possible d'interpréter cet énoncé de deux manières : ou l'homme est victime d'un Dieu méchant et ne peut franchir la porte, ou bien il peut enfin la franchir, mais par sa mort. L'attitude du gardien est également énigmatique. L'interdiction du gardien a été interprétée comme définitive par l'homme, mais elle aurait pu être comprise comme un défi à relever. Quel est en fait le rôle du gardien ? mettre à l'épreuve ou interdire ? L'homme ne serait-il pas lui-même un obstacle à sa propre progression ?

LE ROMAN

CHAPITRE X (pages 273 à 280)

[Fin]

RÉSUMÉ

Un soir, deux hommes se présentent chez K. et l'emmènent. Ils marchent longtemps dans les rues puis sortent de la ville. Ils arrivent dans une carrière abandonnée. Ils déshabillent K, l'allongent sur une pierre et lui enfoncent un couteau dans le cœur. K. est donc exécuté un an après son arrestation.

LE FILM

SÉQUENCE 11, SOUS-SÉQUENCES 2 ET 3

RÉSUMÉ

Devant la cathédrale, les deux hommes que l'inspecteur et K. avaient rejoints au sortir du théâtre attendent le protagoniste. Ils l'emmènent dans un terrain vague. K. se déshabille et s'allonge sur le sol entre les deux hommes qui se passent un couteau. Aucun des deux n'ose exécuter K. Les bourreaux finissent par s'éloigner et mettent le feu à un rouleau de dynamite qu'ils lancent sur leur victime. Une explosion met un terme au rire de K.

REPÈRES POUR LA LECTURE

Le suicide du héros chez Kafka

K. semble à la fois désirer la mort et la refuser. Sa résistance montre qu'il la refuse (p. 275). Mais ensuite, après avoir aperçu Mlle Bürstner, il « s'abandonn[e] à ses compagnons » (p. 277), et même les entraîne vers le lieu de la mise à mort (p. 276). Son exécution peut donc s'apparenter à une forme de suicide. Toutefois, dans les derniers instants, K. reste tout de même « un homme qui veut vivre » (p. 279). L'émotion qu'il éprouve lorsqu'un homme agite les bras à sa fenêtre, cherchant peut-être à lui venir en aide (p. 279), indique qu'il attache de l'importance aux relations humaines et à la vie en société.

Malgré toutes ces hésitations entre le désir de vie et de mort, K. choisit la mort. Le texte laisse en effet supposer que l'apparition de Mlle Bürstner le conduit à une prise de conscience fatale. K. réalise à cet instant sa culpabilité : il évoque brièvement une « dernière faute » (p. 279) qu'il aurait pu commettre, comme s'il en avait commis d'autres. Dès lors, il se sent accablé par le sentiment de la honte : « C'était comme si la honte dût lui survivre » (p. 280). Malgré son attachement à la vie, K. se laisserait donc tuer parce qu'il est incapable de survivre à cette honte.

La mort du héros tragique chez Welles

Dans son film, Welles conserve le principe du revirement : K. change brusquement d'attitude, non pas en apercevant Mlle Bürstner (Welles supprime cette apparition), mais en regardant l'écran d'épingles. K. refuse en effet de se plier à la justice représentée par Hastler. Mais sa révolte va plus loin. Renversant les rôles, il projette la silhouette de Hastler sur l'écran.

En outre, dans le roman, K. décide de ne pas s'arrêter aux apparences, de dépasser les illusions : s'agit-il de la vraie Mlle Bürstner ou d'une femme lui ressemblant? Aucune importance, décide-t-il. Dans le film, les illusions sont représentées par l'appareil de projection : nous sommes dans l'univers du cinéma. Mais K. ne se contente pas de dépasser ces illusions. En prenant les commandes de l'appareil, il se rend maître des illusions.

La gestuelle de Perkins est significative : ses poings serrés sont un signe de combativité. K. réplique avec détermination et courage à Hastler et au prêtre : il ne les écoute pas, il poursuit son chemin vers la mort. Il revendique son appartenance à la société (« pas victime mais membre de la société »), contrairement au personnage de Kafka, qui se contente de constater cette appartenance en apercevant un homme à sa fenêtre. Il refuse au prêtre le droit de l'appeler « mon fils ». Puis il se moque de la lâcheté de ses bourreaux. Dans un sursaut final, il renvoie la dynamite à ses exécuteurs…

En d'autres termes, Welles supprime la supériorité hautaine du personnage de Kafka et la remplace par la grandeur héroïque. Son attitude face à la mort fait penser aux héros tragiques du théâtre de Racine ou de Corneille (à commencer par Rodrigue, dans *Le Cid*) qui acceptent leur destinée, même si celle-ci doit les conduire à la mort. Ces héros tragiques privilégient le sursaut, la combativité à la mort honteuse, « comme un chien ! » (p. 280).

DEUXIÈME PARTIE

Problématiques essentielles du roman et du film

1 | Franz Kafka et *Le Procès*

La vie et l'œuvre de Kafka, mort prématurément à quarante et un ans, sont étroitement imbriquées : K. le protagoniste du *Procès*, partage de nombreux points communs avec son créateur, l'argument même du roman trouve son origine dans une déception amoureuse... Mais le roman traite aussi de sujets bien plus larges, tels que la condition humaine et le rapport de l'homme aux institutions. Cela lui confère une dimension universelle.

UN ÉCRIVAIN TOURMENTÉ

Tout en se gardant de plaquer sur le *Procès* des explications d'ordre biographique systématiques, on ne peut néanmoins évacuer certains aspects de la vie de l'auteur, qui ont suscité chez lui de graves tourments intérieurs, dont son œuvre se fait indéniablement l'écho.

Les débuts littéraires

Franz Kafka naît à Prague le 3 juillet 1883. Issu d'une famille juive de la bourgeoisie commerçante, le jeune homme fait ses études secondaires au lycée allemand de la Vieille Ville et commence à écrire des textes qu'il détruit par la suite. De 1901 à 1906, il étudie le droit. Pendant ses études, il rencontre celui qui deviendra son plus fidèle ami et éditera *Le Procès* : Max Brod. En 1907, il est engagé dans une compagnie d'assurances. Il choisit cette profession pour son indépendance. En même temps, il ressent une certaine amertume de ne pas pouvoir consacrer toute sa vie à la littérature, sa véritable vocation. En 1908, il prend un poste dans une autre compagnie d'assurances. Il travaille tellement qu'il est surmené et épuisé. Cette expérience professionnelle pénible va influencer son œuvre littéraire, marquée par le thème d'une bureaucratie déshumanisante et écrasante.

À partir de 1910, Kafka commence son *Journal*. Il va le tenir pendant treize ans. En 1911, il voyage, avec son ami Max Brod, en Suisse, en Italie et en France. Il fréquente les cabarets, les music-halls, les cafés littéraires de Prague et surtout le café Savoy où il retrouve les acteurs d'une troupe théâtrale juive ainsi que son directeur, Löwy. Il apprend à mieux connaître le judaïsme et y découvre une sensibilité artistique teintée d'humour proche de la sienne. Les rapports de Kafka à la mystique juive, en particulier la kabbale, qui accorde une place importante à la notion de Loi, sont controversés. Kafka a certes baigné dans la culture juive, mais son statut d'intellectuel l'a cependant poussé à regarder celle-ci avec une certaine distance critique. En revanche, il semble clair que le théâtre yiddish (ce terme désigne l'ensemble des parlers germaniques des communautés juives d'Europe orientale) l'intéressa particulièrement. Comme il l'écrit, ce théâtre représente « la vie même ». Or, pour Kafka, une œuvre d'art n'a d'autre fonction que de nous révéler le sens de la vie, sa vérité. Il n'est donc pas surprenant que *Le Procès* soit empreint d'une théâtralité héritée de cette forme populaire de la culture juive (→ PROBLÉMATIQUE 10, p. 124), qui lui permettra non seulement de dire la vie, mais aussi d'exorciser ses tourments intérieurs.

Une vie sentimentale chaotique

En 1912, il rédige une première version de *L'Oublié*. En août, il rencontre Felice Bauer, une jeune femme dont il tombe éperdument amoureux. Il rédige la même année *Le Verdict*. En juin 1913, il demande sa main à Felice. Le 1er juin 1914, le couple se fiance, mais les fiançailles sont rompues dès le mois suivant. Kafka commence la rédaction du *Procès* au cours de l'automne. En 1915, Kafka renoue avec Felice, le couple poursuit une correspondance qui a commencé en 1912 (*Lettres à Felice*). En 1916, Kafka rédige une partie des récits du recueil intitulé *Un médecin de campagne*. En 1917, de nouveau, les fiançailles sont célébrées en juillet, mais en décembre elles sont encore rompues. En septembre 1917, Kafka contracte une tuberculose. En 1918, il termine les nouvelles du *Médecin de campagne* et écrit *À cheval sur le seau à charbon* ainsi que divers fragments composant *La Muraille de Chine*. Il fait la connaissance, au cours de l'été 1919, de sa seconde fiancée, Julie Wohryzek, avec laquelle il va rompre quelques mois plus tard. Il vient de rencontrer en effet une autre femme, Milena Jesenska-Pollak, qui exige cette rupture. Les relations avec cette dernière sont tourmentées, la maladie de Kafka s'aggrave. En 1921, il commence *Le Château*.

Finalement, en 1923, Dora Dymant va lui apporter la paix et le bonheur. À la fin de l'année, il s'installe avec la jeune femme à Berlin. Il partage alors son temps entre des études d'hébreu et une intense activité créatrice (il écrit *Une petite femme*, *Joséphine la Cantatrice* et *Le Terrier*). Au cours de l'hiver, sa maladie s'aggrave. Il meurt dans un sanatorium, en Autriche, le 3 juin 1924.

La culpabilité

Le lien le plus fort de cet ouvrage à la biographie de Kafka est certainement le sentiment de culpabilité qui le hante. Ce sentiment s'exerce vis-à-vis de deux figures centrales : son père et Felice Bauer.

Si tous les écrits de la maturité de Kafka tournent autour de l'idée de jugement, de procès, de châtiment, c'est en effet parce qu'ils sont organisés sur un thème central : la sentence de mort prononcée par un père tout-puissant (voir par exemple *Le Verdict*). Le père de Kafka, Hermann Kafka, est extrêmement autoritaire. Pénétré de l'idée de sa propre réussite sociale, il tyrannise sa famille, ne tolère pas d'autres formes de « réussite » que la sienne, et exige que son fils soit à son image. Face à une telle figure terrorisante et castratrice, Franz, enfant timoré, se réfugie dans la solitude. Plus tard, à trente-sept ans, il écrit la *Lettre à mon père*. Il n'ose pas l'envoyer directement et la remet à sa mère, mais celle-ci la lui rend sans la montrer à son destinataire. Kafka conservera toujours à l'égard de son père un sentiment de honte et de culpabilité, pour n'avoir pas su se conformer à l'idéal paternel, mais aussi de peur et de colère, dont on retrouve les traces dans *Le Procès* : ce tribunal tout-puissant, inaccessible et absurde, prononçant une sentence irrévocable sans raison explicite, est à bien des égards une figure paternelle fantasmatique.

L'autre grande figure culpabilisante est Felice Bauer, jeune berlinoise rencontrée en 1912. Alors qu'il s'est fiancé le 1er juin 1914 avec elle, Kafka rompt les fiançailles le 12 juillet, dans un hôtel de Berlin, l'Askanischer Hof, où sont réunis pour la circonstance quelques-uns de leurs amis et de leurs parents. Il appelle cette réunion le « tribunal de l'Askanischer Hof ». La rédaction du *Procès* commence au cours des mois suivants, au terme d'une prise de conscience et d'un sentiment de culpabilité à l'égard de Felice : il se reproche d'avoir abusé de sa patience, de lui avoir fait perdre son temps, de lui avoir fait subir ses névroses. La femme est comme le père, et même étroitement liée au père, une figure de la culpabilité et du jugement : dans son *Journal*, Kafka écrit à propos de Georg, protagoniste du *Verdict*, qu'il « est perdu à cause de sa fiancée ». De ce point de vue, les femmes du *Procès*, même si elles ne sauraient être réduites à l'expérience traumatisante de la relation avec Felice, tendent à fonctionner comme des supports du sentiment de culpabilité et des figures expiatoires.

LE PROCÈS
AU TERME D'UN PROCESSUS

Le Procès est le deuxième roman écrit par Franz Kafka. Sa rédaction commence au début du mois d'août 1914 et se termine au mois de janvier 1915.

Le sens du titre

Le titre du livre n'est pas entièrement conforme à l'histoire racontée. *Le Procès* n'est en effet pas vraiment le récit d'un « procès ». Après la fin du chapitre III, K. n'a plus aucun contact direct avec le tribunal. L'instruction se clôt très rapidement et l'amorce de défense n'a aucune suite. Finalement le procès, au sens strict, n'a jamais lieu. Ce titre prend néanmoins tout son sens si l'on pense que le titre allemand du *Procès* est *Der Procès*. Ce mot signifie certes « procès », mais aussi « processus », autrement dit « déplacement, mouvement, déroulement ». En jouant sur cette ambiguïté, Kafka aurait ainsi pour projet de raconter comment se comporte un individu placé dans un processus, un mouvement.

Ce processus peut être physique : le roman privilégie le mouvement spatial, le déplacement (d'un lieu à un autre), les rencontres (K. va d'un personnage nouveau à un autre)... Le récit, en dépit des nombreux dialogues, n'est pas statique. Ce processus est également temporel. La procédure judiciaire n'est d'ailleurs pas autre chose qu'un *processus temporel* : « La sentence ne vient pas d'un seul coup, la procédure y aboutit petit à petit » (p. 261). Ainsi est clairement exprimée, par l'abbé, l'idée que K. a été plongé dans un flux temporel déterminé par la justice.

Mais le protagoniste est également au cœur d'un processus psychologique : comme nous le verrons, le point de vue de K. sur la justice, ainsi que sur lui-même, se transforme progressivement. En particulier, selon J.-P. Morel, ce processus peut également être compris comme « un processus pathologique, une maladie[1] ». On pourrait ainsi envisager que *Le Procès* raconte un événement du point de vue d'un malade, en particulier d'un malade mental, dont la névrose serait légère (K. obsédé par la honte) ou grave (K. shizophrène ?). On ne saurait certes réduire le roman à cette analyse, mais la polysémie du titre autorise bien une telle piste interprétative.

---

[1]. J.-P. Morel, *Le Procès de Franz Kafka*, Gallimard, coll. « Foliothèque », 1998, p. 49.

Le sens au terme d'un processus

Enfin, c'est la signification elle-même du roman qui obéit à ce processus. Le sens de ce récit est ouvert, incertain : *Le Procès* ne comporte pas d'évaluation finale, de « morale », de leçon de vérité, contrairement à un récit classique. Il s'achève seulement sur la subjectivité du protagoniste, son sentiment de « honte ». Le sens reste donc en suspens. Nous abordons là un nouveau paradoxe. Kafka, en effet, organise son œuvre sur un seul concept : la vérité. Ses récits cherchent à être exemplaires, à montrer objectivement la condition humaine telle qu'elle est. Pour Kafka, l'art a pour fonction de révéler la vérité. Or, selon lui, l'écrivain est confronté à une impossibilité : bien que l'œuvre ait pour unique objet la vérité, cette dernière reste foncièrement incommunicable. Les romans de Kafka se donnent donc pour projet de nous faire seulement entrevoir cette vérité. C'est pourquoi, malgré leur volonté d'objectivité, ils sont empreints d'une extrême subjectivité et d'une étrangeté qui rendent leur signification fuyante. Kafka cherche moins à nous imposer une vérité qu'à nous maintenir dans un processus interprétatif, à nous mettre en quête de la signification.

LA POSTÉRITÉ DU *PROCÈS*

L'attachement de Kafka au concept de vérité objective fait de son roman une œuvre atemporelle, empreinte d'une universalité qui l'érigera en modèle pour les générations suivantes.

La modernité du texte

L'œuvre de Kafka connaît un regain d'intérêt après la Seconde Guerre mondiale. Les événements et l'atmosphère de cette période trouvent en effet un écho dans ses ouvrages. L'atmosphère oppriment du *Procès*, le poids de l'institution sur l'individu, l'arrestation arbitraire de K. reflètent l'absurdité du temps de guerre. Le nom de Kafka (« c'est du Kafka »), ainsi que l'adjectif *kafkaïen(ne)*, sont ainsi entrés dans le langage courant pour désigner ce « qui rappelle l'atmosphère absurde et inquiétante des romans de Kafka[1] ».

Parallèlement à ce phénomène, qui fait de *Kafka* le mot qui manquait pour nommer et conceptualiser l'absurdité de la guerre, de nombreux auteurs (Camus, Sartre…) s'inspirent du *Procès* pour renouveler la littérature. Kafka devient la référence en matière d'avant-garde. Il est étudié, interprété, non seulement en littérature, mais aussi dans d'autres disciplines : philosophie, psychanalyse, sociologie, théologie. Car, bien qu'étranges et empreints de subjectivité, comme nous l'avons dit, ils remplissent parfaitement leur fonction, qui est de dire la condition humaine dans son essence et sa vérité.

La modernité des textes de Kafka réside donc dans leur richesse sémantique, l'universalité de leur sujet et leur capacité à nous familiariser avec certaines situations angoissantes propres à notre condition. Ainsi, *Le Procès* met en scène la solitude et l'angoisse d'un personnage face au poids de l'institution. Ces sentiments peuvent être ressentis par chacun d'entre nous, en tout lieu et en tout temps, dès lors que nous vivons dans une société ordonnée par une autorité supérieure.

Cette universalité, dans le roman, est notamment traduite par l'atemporalité, par l'absence d'indication précise d'époque. Welles a bien compris cette atemporalité. Il ne cherche pas à transposer l'action aux environs de la Première Guerre mondiale, moment de l'écriture du roman. L'action de son film se déroule dans les années soixante, de manière à confondre les dates de la fiction et de la narration. Par ailleurs, cette atemporalité est renforcée par le choix du noir et blanc, qui fait fusionner le cinéma d'antan et celui des années soixante (la couleur prend son essor dans les années trente ; en 1950, cette technique est performante) – comme si le sujet du film était valable quelle que soit l'époque.

---

1. *Le Petit Robert*.

Mises en scène du roman

Le Procès est l'une des œuvres les plus connues de Kafka. Elle a suscité l'admiration de plus d'un metteur en scène. Pour Jean-Louis Barrault, « il n'existe pas d'incompatibilité entre Kafka et le théâtre[1] ». Le nombre de mises en scène du *Procès* lui donne raison. La première est une adaptation d'André Gide et Jean-Louis Barrault, datant de 1947 (par la compagnie Madeleine Renaud – Jean-Louis Barrault, au Théâtre Marigny). La seconde est une adaptation anglaise, *The Trial*, de Jacqueline et Frank Sundstrom, en décembre 1949 (première représentation au Pasadena Playhouse, Californie). La troisième est un opéra, *Der Prozess*, de Gottfried von Einem, représenté à Salzbourg en août 1953. La quatrième est une adaptation anglaise de Bert Greene et Aaron Fine, datant de juin 1955 (première représentation au Princetown Playhouse de New York), etc. En 1961, *Le Procès* a été repris à l'Odéon. Le nombre et le succès de ces représentations confirment une caractéristique importante de ce roman : sa théâtralité (→ PROBLÉMATIQUE 10, p. 124). L'espace théâtral étant par essence destiné à réunir la société devant un spectacle collectif susceptible de lui offrir une leçon sur elle-même, ces représentations confirment également l'aptitude du *Procès* à définir la vérité de la condition humaine.

---

1. C. et G. Ravy, *Kafka mis en scène*, PUR, 1987, p.10.

2 | Orson Welles et *Le Procès* de Kafka

Orson Welles est un génie polyvalent : acteur, metteur en scène, romancier, réalisateur… il multiplie les carrières et excelle dans la plupart des domaines artistiques. La rencontre avec l'œuvre de Kafka lui permet de proposer sa propre lecture d'un texte qui contient un certain nombre d'éléments coïncidant avec son inspiration personnelle.

UN GÉNIE PRÉCOCE

Dès son plus jeune âge, les talents d'acteur d'Orson Welles sont reconnus. Mais le théâtre, n'est pas le seul terrain où il a excellé. En dépit d'un certain nombre de difficultés, son nom va aussi marquer éternellement l'histoire du cinéma.

Des débuts prometteurs

Orson Welles naît en 1915 dans le Wisconsin. À l'âge de huit ans, il perd sa mère. À 10 ans, il interprète son premier rôle au théâtre, on le considère comme un enfant prodige. Quatre ans plus tard, son père meurt. Orson part en Irlande où il se fait engager au Gate Theatre de Dublin. De retour en Amérique, il reçoit le prix de l'Association dramatique de Chicago pour sa mise en scène de *Jules César*. Il poursuit sa carrière d'acteur dans différentes compagnies américaines. En 1933, il réalise son premier court-métrage puis, tout en poursuivant son activité de metteur en scène, commence une carrière radiophonique. Il adapte des romans pour la radio : *L'Île au trésor*, *Jane Eyre*, *Le Tour du monde en quatre-vingt jours*, *Oliver Twist* et, surtout, *La*

Guerre des Mondes de H. G. Wells. Cette dernière adaptation le rend immédiatement célèbre. Le 30 octobre 1938, Orson Welles, narrant en direct l'invasion de la terre par des Martiens, provoque une véritable panique en Amérique : « Les maisons se vidaient, les églises se remplissaient ; [...] les gens pleuraient dans les rues et déchiraient leurs vêtements[1]. »

Les productions hollywoodiennes

En 1939, il signe un contrat avec la RKO, l'une des compagnies de production les plus prestigieuses d'Hollywood. En 1940, il tourne *Citizen Kane*. Ce film marque les débuts du cinéma moderne. Exploitant et dépassant toutes les ressources cinématographiques par ses recherches stylistiques et techniques, cette œuvre est une anthologie des techniques du cinéma sonore et un cours d'histoire sur le capitalisme et le libéralisme de la presse aux États-Unis.

Par opposition à *Citizen Kane*, œuvre entièrement réalisée et contrôlée par Welles, *La Splendeur des Ambersons* (1942) est remanié par la RKO. Welles perd son statut de directeur de production. Il réalise *The Stranger*, terminé par un autre réalisateur (1946), et surtout *La Dame de Shangaï* (1948). Ce film déplaît fortement, Welles s'en prend aux valeurs magnifiées par Hollywood : l'argent, l'héroïsme, la justice...

Le départ en Europe et le retour à Hollywood

Welles décide de s'établir en Europe, où il se sent plus libre. Il réalise *La Soif du mal* (1958). Ce film sur la manipulation policière et le racisme (on reconnaît l'un des thèmes du *Procès* : la marginalisation d'un individu en conflit avec l'institution judiciaire) aura, par ses innovations de mise en scène, une influence considérable sur le cinéma américain des années 1960-1970. Puis il réalise *Le Procès* (1963) et *Falstaff* (1966). De 1967 à 1980, il réalise trois longs métrages : *Une histoire immortelle* (1968), *F. for Fake* (*Vérités et mensonges*, 1975) et *Filming Othello* (1978). Il meurt en 1985.

---

1. O. Welles et P. Bogdanovich, *Moi, Orson Welles*, Belfond, 1993, p. 50.

DU PROJET À LA RÉALISATION DU FILM

Si Welles n'a pas tout de suite été enthousiaste à l'idée d'adapter au cinéma *Le Procès* de Kafka, le tournage a été pour lui une expérience unique, qui lui a permis de redécouvrir une œuvre littéraire très proche de sa sensibilité et d'en proposer une lecture personnelle.

Genèse et tournage du film

En 1961, alors que tous les autres producteurs fuient Welles en raison de ses difficultés à finir ses films, Michel et Alexandre Salkind lui proposent de choisir dans une liste de livres un titre à adapter. Welles, qui aurait préféré adapter *Le Château*, choisit *Le Procès* de Kafka. À cette époque, il a de sérieux problèmes financiers. Il tente de terminer un film qui va demeurer inachevé, *Don Quichotte*, et envisage la réalisation de *Falstaff*.

L'adaptation du *Procès* est donc un projet qui tombe plutôt bien. Welles écrit le scénario en 1961. Le tournage débute le 26 mars 1962 aux studios de Boulogne près de Paris. Les scènes extérieures sont tournées à Zagreb, Rome et Paris. C'est pendant le tournage à Zagreb que Welles rencontre Olga Palinkas, qui deviendra par la suite sa compagne. Le 5 juin 1962, le tournage est terminé. Le montage se prolonge jusqu'à la première à Paris, le 21 décembre.

Welles et Kafka, entre affinités et divergences

Au début, le projet d'adapter *Le Procès* ne séduit Welles que partiellement : « Je ne partage pas le point de vue de Kafka dans *Le Procès*. Je crois que c'est un bon écrivain, mais Kafka n'est pas le génie extraordinaire que l'on s'accorde aujourd'hui à reconnaître. »

C'est surtout sur le problème de la culpabilité de K. que Welles se démarque de Kafka : « Le problème, ce n'est pas qu'il soit coupable ou innocent [...]. L'essentiel, c'est l'attitude, non les faits. » Welles se désintéresse du problème de la faute, il cherche à proposer, dit-il, « une étude des différentes attitudes face à la culpabilité ». Le sujet du film est donc moins la faute, le ou les événements ayant conduit à l'arrestation de K., que les comportements suscités chez K. par cette arrestation.

Welles déclarera néanmoins plus tard : « Je n'ai jamais été aussi heureux que lorsque j'ai fait ce film[1]. » Il découvre en effet dans *Le Procès* une forme étrange d'humour noir, de burlesque tragique, qui le séduit et qu'il cherchera à transposer dans son film. Il admet certes que « l'atmosphère [du film] est glacée, humide, horrible. Et l'érotisme est pervers et morbide ». Mais, pour lui, certains moments sont « plus distrayants qu'ils ne le sont apparemment » : « Je croyais que tout ce qui touchait l'avocat, son bureau, la fille [...] était très drôle. Pour moi, c'est vraiment drôle. Cela me fait rire à chaque fois. Tu ne peux pas imaginer les crises de fou rire pendant le tournage[2]. »

En outre, il existe de forts points communs entre Welles et Kafka. Leurs sensibilités sont proches. Ils ont la même tendance à de pas achever leurs œuvres (*Le Procès* de Kafka et *Don Quichotte* de Welles). Ils sont tous deux intrigués, attirés, par le désordre et la confusion, et cela se reflète dans l'esthétique de leurs œuvres. L'univers kafkaïen trouve donc un écho dans l'univers démesuré de Welles. Les adjectifs *kafkaïen* et *wellesien* traduisent d'ailleurs tous deux une forme de démesure.

Les thèmes du roman ont aussi pu le séduire : la solitude, l'errance, la quête. Ces thèmes figurent dans le *Don Quichotte*, à la mise en scène duquel Welles travaille depuis quelques années au moment où il s'attelle à l'adaptation du *Procès*. D'autre part, K. ressemble aux héros wellesiens : solitaire, piégé, victime d'une sorte de complot (comme Kane piégé par Gettys dans *Citizen Kane*). De surcroît, la théâtralité du texte a assurément séduit un homme dont la carrière théâtrale a considérablement marqué la carrière cinématographique.

---

[1]. « Premier entretien » in *Orson Welles*, *Les Cahiers du cinéma*, 1986, p. 36.
[2]. O. Welles et P. Bogdanovich, *Moi, Orson Welles*, Belfond, 1993, pp. 302-303.

Surtout, Welles et Kafka ont en commun une fascination pour le rêve, une croyance en la réalité du monde du rêve. L'onirisme de Kafka est fait d'éléments réalistes mêlés à des éléments oniriques, de manière à créer un univers à la frontière du réel et de l'irréel (→ PROBLÉMATIQUE 8, p. 110). C'est par cet aspect du roman que Welles se déclare vraiment intéressé : « La magie du rêve, c'est cela que je cherchais, c'est ce que je voulais reproduire. [...] Nous créons des mondes entiers dans nos rêves, plein de gens que nous n'avons jamais vus, d'endroits où nous ne sommes jamais allés, cela semble faire écho à des mondes mystérieux et à des souvenirs que nous n'avons jamais vécus. Et pourtant, ils sont là, bien réels dans le contexte de l'expérience du sommeil. »

Welles ne cherche pas à reproduire un rêve, mais à donner « l'impression » d'un rêve. Il obtient ainsi dans son film une forme d'irréalisme, par exemple en déformant certains aspects des lieux (la pension, la banque...) : jeux de lumière, angles de prise de vue, emploi du grand angulaire (qui accentue les perspectives) soulignent le réel en le déformant.

La réception du film

Le film de Welles est très attendu en 1963, car le réalisateur n'a rien produit depuis *La Soif du mal*, cinq ans auparavant. À sa sortie, les gens comparent le film et le texte, ils remettent en question la fidélité au roman : « Dans l'ensemble, on condamne Welles au nom de Kafka, on se félicite que Welles n'ait pas été fidèle à Kafka, ou bien on ignore Kafka en cherchant des références dans le reste de l'œuvre wellesienne, le tout dans un extraordinaire climat d'insécurité[1]. » Les uns le trouvent déroutant par rapport à l'imaginaire kafkaïen, les autres par rapport à celui de Welles.

Welles constate que le film est mieux compris par les gens simples, qui ne recherchent pas de clés de lecture. Puisqu'il s'agit de la transposition des impressions d'un rêve, et plus précisément

---

1. G. Gauthier, « Welles et Kafka sur la corde raide » in *Europe*, n°511-512, p. 186.

d'un cauchemar, le but de Welles est que les gens ne recherchent pas d'explications, simplement qu'ils ressentent le malaise propre au cauchemar. Selon lui, le tort du public est de rechercher des symboles, des significations. Welles veut que les gens « aillent voir [son] film, mais qu'ils ne l'aiment pas[1] » nécessairement. L'intention est de traduire au mieux l'angoisse éprouvée au cours d'un cauchemar pour la communiquer au spectateur.

LA MISE EN SCÈNE D'UNE LECTURE

Welles a opéré une sélection des thèmes et des motifs du roman. En éliminant ou soulignant certains éléments du *Procès*, il en propose une lecture personnelle.

Une réécriture personnelle

La réécriture est le fait de réécrire un texte pour en améliorer la forme ou pour l'adapter à d'autres textes ou genres. Le film de Welles étant une adaptation du roman de Kafka, on peut l'envisager comme une réécriture : il s'inspire d'un texte source.

Mais, en même temps, Welles revendique très clairement son autonomie par rapport au texte : « J'aime faire des films où je puisse m'exprimer en tant qu'auteur plutôt que comme interprète[2]. » Il se considère avant tout comme un créateur à part entière, auteur d'une œuvre non pas adaptée de Kafka, mais inspirée par Kafka. Il est donc important de concevoir son film moins comme une adaptation cinématographique exhaustive et fidèle du texte, que comme une œuvre porteuse d'une lecture possible du texte. Cette approche met en évidence la démarche de Welles, qui n'est pas celle d'un adaptateur, mais celle d'un artiste à part entière s'exprimant librement.

---
1. O. Welles et P. Bogdanovich, *Moi, Orson Welles*, Belfond, 1993, p. 302.
2. Ibid, p. 40.

Des modifications importantes

Même si l'impression de fidélité au texte domine (comme l'indique J.-P. Morel dans les bonus du DVD), on constatera un certain nombre de différences entre le roman et la lecture très personnelle qu'en fait Welles.

Les modifications les plus visibles touchent d'abord à l'époque. Pour mieux montrer l'universalité et l'atemporalité du *Procès*, Welles actualise son récit filmique : tout réfère aux années 50-60, en particulier les costumes des personnages. Par ailleurs certains actants disparaissent, parce qu'ils n'intéressent pas le réalisateur soucieux de se concentrer sur les attitudes de K. : le fils du concierge (chapitre I), le capitaine Lanz (chapitre II), un gendarme (chapitre IV)… (⇢ PROBLÉMATIQUE 5, p. 87). Ensuite, afin de mieux suggérer la dimension onirique du récit, la durée de l'action est réduite : Anthony Perkins portant toujours le même costume, l'action ne peut raisonnablement pas durer un an comme dans le roman ; les repères temporels sont d'ailleurs complètement perturbés dans la deuxième partie du film.

Surtout, Welles change la fin. Dans le roman, les bourreaux poignardent K. (p. 279). Dans le film, ils ne parviennent pas à choisir la manière de l'exécuter. L'éclat de rire de K., la fuite des bourreaux, la dynamite et l'explosion finale sont des créations de Welles. Et peut-on réellement conclure à la mort de K. ? Le film montre le geste du protagoniste renvoyant l'explosif vers ses bourreaux, suivi de l'explosion, mais nous ne savons pas au juste qui a été tué (et si quelqu'un a bien été tué). Nous verrons que ces modifications changent considérablement l'interprétation du personnage : la fin de K., par son sursaut énergique et son rire de dérision à l'égard des tueurs, est quasiment héroïque.

Welles semble d'ailleurs jouer avec son modèle. Dès le prologue, il revendique la filiation : « Cette histoire est contée dans un roman intitulé *Le Procès*. » Dans le générique final de la version originale, immédiatement après l'explosion, on entend la voix de Welles rappeler sa référence : « *This film*, The Trial, *was based on a novel by Franz Kafka* » (« Ce film, *Le Procès*, est une adaptation d'un roman de Franz Kafka »). Mais on ne peut s'empêcher de déceler dans ce rappel une certaine ironie, le nom de l'auteur étant mentionné au moment même où Welles s'éloigne le plus de lui (par l'explosion). Cette distance ironique permet au réalisateur de revendiquer l'originalité de sa propre création.

Du texte au film : des relations complexes

On pourra dès lors envisager quatre types de relations entre le roman de Kafka et le film de Welles :
– une *illustration* du texte : Welles reproduit fidèlement le roman, il se contente de montrer ce qui s'y passe.
– une *explication* du texte : Welles fournit une analyse du roman, il en propose des clés de lecture.
– une *interprétation* du texte : « interpréter » n'est pas à prendre ici au sens d'« expliquer », mais au sens de « manière de comprendre », comme on dit d'un comédien ou d'un metteur en scène qu'il interprète un rôle (un même rôle peut être interprété de manières très différentes : par exemple, pour *Le Misanthrope* de Molière, tel metteur en scène ou comédien considérera Alceste comme sombre et torturé, tel autre préférera voir en lui un personnage ridicule). Dans ce cas de figure, Welles s'éloigne du roman, il prend appui sur lui pour développer des idées nouvelles, des conceptions personnelles sur le personnage de K., sur la justice, sur la société, etc.
– une *actualisation* du texte : Welles adapte le roman au public des années 60. Il transpose la fiction dans la réalité contemporaine.

Bien souvent, ces relations coexistent dans une même scène ou une même séquence. Prenons l'exemple du début des mésaventures de K. (séquence 1). Certains éléments du film *illustrent* fidèlement le roman, par exemple lorsque les policiers prétendent qu'ils prendront soin des vêtements de K. et empêcheront ainsi leur mise aux enchères.

D'autres *expliquent* le roman. Ainsi, Welles modifie le dialogue initial entre le policier et K. Dans le roman, ce dialogue porte en effet sur l'identité du policier (« Qui êtes-vous ?, demanda K. », p. 24), sur le fait que K. ait ou non sonné, sur le déjeuner de K., etc. Ce dialogue est assez décousu, on passe d'une idée à une autre. À l'inverse, chez Welles, le dialogue initial est très cohérent : il ne porte que sur Mlle Bürstner. Welles met ainsi l'accent sur l'une des explications possibles du roman : K. serait arrêté en raison de ses relations coupables avec sa voisine.

Le film *interprète* aussi le roman, il prend appui sur lui pour proposer autre chose. Par exemple, le policier ne porte pas le vêtement décrit par Kafka (« un habit noir et collant, pourvu d'une ceinture et de toutes sortes de plis, de poches, de boucles et de boutons », p. 23), mais un costume, un imperméable et un chapeau sombres typiques des années 60. Le vêtement du policier, chez Kafka, est singulier et spectaculaire, il évoque le masochisme (celui du « fouetteur » du chapitre V est très proche : « une sorte de combinaison de cuir sombre très décolletée », pp. 116-117). Il relève donc du fantasme. À l'inverse, dans le film, le vêtement des policiers est anodin, ordinaire, c'est celui de « monsieur tout le monde » (il est proche de celui de l'oncle de K., par exemple, lui aussi vêtu d'un costume, d'un imperméable, d'un chapeau). Welles propose ainsi une lecture non pas fantasmatique mais politique du représentant de justice : ce dernier se confond facilement avec les gens ordinaires, suggérant ainsi que le pouvoir répressif s'insinue partout.

Enfin, des éléments du film font allusion à la réalité contemporaine. Ils *actualisent* le roman. Dans cette séquence, les vêtements des personnages, les objets de K. (le « phonographe », etc.) inscrivent l'intrigue dans le quotidien des spectateurs. Cela crée une proximité plus forte avec le protagoniste. Cela suggère aussi que ses mésaventures restent actuelles. Dans le film, d'autres références plus concrètes et plus évocatrices au contexte historique donnent au public des années 60 les moyens de mieux comprendre le message kafkaïen. Ainsi, avant d'arriver au tribunal (séquence 5), K. traverse une place où se trouve une foule de gens faméliques, dénudés, et affublés d'une pancarte numérotée à leur cou. Le spectateur fait naturellement le lien avec l'holocauste et les camps de concentration. Le tribunal est ainsi d'emblée associé à la tyrannie, à l'autoritarisme, à la torture, à la mort. Dans la séquence 6, les gardiens sont fouettés par un homme qui ressemble étrangement à un agent de la gestapo. Toutes ces allusions à la seconde guerre mondiale permettent d'actualiser le message kafkaïen en le transposant dans un univers accessible et compréhensible pour le public des années 60.

Le film met donc en lumière certains sens du texte, il choisit de dévoiler tel ou tel rouage du monde kafkaïen. Mais il peut aussi en modifier le sens. L'étude comparative du texte et du film permet alors de décrypter, par le recensement des suppressions ou des ajouts notamment, les choix esthétiques, idéologiques ou politiques de Welles.

3 | Qui est Joseph K. ?

Dépourvu d'une identité facilement définissable, dont le nom abrégé serait le signe, le personnage de Kafka est paradoxal, en apparence neutre et lisse mais en réalité construit sur différentes formes complexes d'ambivalences et de paradoxes.

UN PERSONNAGE AUX MULTIPLES FACETTES

Le personnage principal du roman n'est pas défini précisément. Néanmoins il présente, par son nom et ses comportements, une complexité inattendue.

Une silhouette aux contours incertains

K. n'est que très peu caractérisé. La description physique se réduit à quelques informations concernant l'âge et l'aspect général : un homme de trente ans, très charmant, aux « beaux yeux noirs » (p. 91), avec une tendance à la séduction (p. 142). K. occupe une position importante dans la hiérarchie de sa banque (p. 77). Il sait jouer de son autorité en convoquant « à plusieurs reprises, isolément ou simultanément » ses subalternes (p. 43). Moralement, il paraît irréprochable. C'est d'ailleurs du haut de ses valeurs morales qu'il voit dans les policiers des « individus sans moralité » (p. 81), et dans la Justice une « grande organisation » occulte constituée d' « inspecteurs vénaux » (p. 84).

Néanmoins, dans la première ébauche du roman, ce personnage était un employé de commerce qui volait dans la caisse. Cet intertexte jette sur la moralité constamment revendiquée de K. une lumière trouble. On peut ainsi relever des failles dans l'apparente perfection du protagoniste. D'abord, il peut faire preuve d'un sentiment de supériorité qui le rend hautain, voire méprisant, notamment avec les policiers (il regrette de ne pouvoir dialoguer avec un « fonctionnaire de [s]on niveau », p. 30), ses subalternes (des « jeunes gens insignifiants », p. 40) ou avec le fils du concierge (p. 43). Ces failles apparaissent surtout dans ses relations avec les femmes. Elsa, son amie, est danseuse dans un cabaret, elle ne reçoit « le jour ses visites que de son lit » (p. 42), elle est « lacée étroit » (p. 146) (elle serre ses vêtements pour mettre ses formes en valeur). K. serait-il l'ami d'une prostituée ? Une telle relation sied mal à un employé modèle, en particulier dans le contexte de l'époque. Surtout, K. se comporte avec Mlle Bürstner, l'espace d'un instant, comme un « animal assoiffé » (p. 58). Il a aussi des gestes étrangement érotiques : il glisse sa main dans le paquet de bas de Mme Grubach (p. 44).

D'une façon générale, K. semble clivé, constitué de deux personnalités distinctes. Il fait montre d'une conscience de soi qui le pousse à se contrôler en société, jusqu'à se montrer « complaisamment » poli avec ses bourreaux (pp. 278-279), mais aussi d'une sorte d'énergie pulsionnelle mal canalisée, en particulier devant Mlle Bürstner, lorsqu'il mime son arrestation (p. 55), et aussi avec Leni, dont il tord le poignet (p. 229). K. est donc doté d'une personnalité ambivalente, difficilement cernable en dépit de son apparente simplicité.

Le choix d'Anthony Perkins, pour incarner ce personnage au cinéma, est significatif. Physiquement Perkins est banal, dépourvu de signe distinctif. Il correspond donc parfaitement à la neutralité apparente de K. Ses failles morales ne sont que suggérées, laissées à l'interprétation du spectateur. Par exemple, le directeur adjoint le soupçonne de détournement de mineure et d'inceste à l'encontre de sa cousine Irmie. Devant le silence de K. et sa gêne (le comédien se tord les mains de façon éloquente), on ne sait si cette accusation est fondée ou non, mais le doute s'installe. Cela dit, le personnage de Welles paraît bien plus cohérent que celui de Kafka. Le simple fait de le présenter toujours vêtu du même costume suggère bien cette stabilité. Souvenons-nous que Welles est moins intéressé par le sentiment de culpabilité du personnage que par ses attitudes vis-à-vis de l'accusation. Il s'agit donc, dans le film, de montrer comment un être cohérent réagit à une justice incohérente.

La solitude de K.

Cette esquisse de portrait suggère aussi la solitude du protagoniste. Cette solitude est d'autant plus marquée que, paradoxalement, K. est rarement seul, constamment entouré de personnages, liés directement ou indirectement à son procès.

Kafka est lui-même profondément marqué par la solitude. Mais cet isolement est négatif. Il écrit dans son *Journal* : « Je m'isolerai de tous jusqu'à en perdre conscience. » Pour Kafka, il faut renouer avec le monde. Or, à l'instar de son personnage, il ne parvient pas à reprendre ce contact, ce dont témoignent en particulier ses échecs sentimentaux. Car la pire des solitudes, pour Kafka, est l'absence de famille, la rupture avec la lignée. K. apparaît ainsi privé des deux pôles fondamentaux de cette lignée. D'abord, vers le haut, vers le passé : on ne sait rien de ses parents, ils sont absents. Ensuite, vers le bas, le futur : il n'est pas marié, il n'a pas d'enfants. L'ironie est qu'il a de simples substituts encombrants de cette parenté : son oncle est un substitut de père, sa jeune cousine un substitut d'enfant, il ne les fréquente pratiquement pas (« tu ne la vois jamais, tu ne t'inquiètes, hélas, guère d'elle » lui reproche son oncle en parlant d'Erna, pp. 125-126). Vivre sans famille étant, pour Kafka, une sorte de péché, la solitude de K., sa distance désinvolte à l'égard de son oncle et de sa cousine, pourrait être une marque de sa culpabilité.

Dans sa mise en scène, Welles souligne cette solitude. Il utilise beaucoup le plan-séquence, qui exploite l'espace comme s'il s'agissait d'une scène théâtrale. Le plan-séquence permettant de relier le jeu de l'acteur aux autres personnages et au décor, il met davantage en valeur l'isolement du personnage. Cet isolement se manifeste aussi dans les plans de demi-ensemble, où K. apparaît en marge des groupes qu'il approche. Lors de son premier interrogatoire, par exemple, il est debout en costume clair, au milieu d'une assemblée assise et vêtue de couleurs sombres.

K. : une simple initiale au sens complexe

La réduction du nom du protagoniste à une simple initiale a de nombreuses implications. D'abord, « K. » étant l'initiale du nom de Kafka (qui affirmait d'ailleurs avoir quelques difficultés à écrire son nom entièrement), elle peut associer le personnage à son auteur, s'en faire un substitut. Quant au prénom « Joseph », il est en 1914 une allusion évidente à Franz (prénom de Kafka), en raison du nom de l'empereur d'Autriche et roi de Bohème « Franz Joseph » (François-Joseph). En outre, le héros du livre ressemble à Kafka : les deux hommes ont à peu près le même âge, ils semblent avoir la même fragilité psychologique, les mêmes angoisses. Tous deux sont employés dans un grand bureau. Comme K., Kafka est le subordonné du directeur adjoint.

Ensuite, cette simplification du nom annonce les bouleversements de la notion de « personnage » par le roman moderne. Le roman réaliste et naturaliste, riche en informations sur l'identité et la psychologie des personnages, dotait en effet ces derniers d'un véritable état-civil, les rendant analogues à des êtres réels, les confondant ainsi avec des « personnes ». À la suite de Kafka, le Nouveau Roman s'attachera au contraire à atténuer l'individualité du personnage romanesque, de façon à en faire moins un être qu'un actant. Dans *Le Procès*, avant d'être quelqu'un, K. se définirait surtout par ses faits et gestes, son comportement. Il serait ainsi semblable à une souris de laboratoire que l'on met à l'étude, dont on observe les attitudes sans se préoccuper de son être.

Comme on l'a constaté (→ PROBLÉMATIQUE 2, p. 58) c'est surtout Welles qui tirera parti de cette hypothèse. Pour ce qui concerne

Kafka, il faut remarquer que la réduction du protagoniste à une initiale vise à créer un être dépourvu de singularité, à dimension psychologique réduite, dans le but d'universaliser le personnage. On se souvient en effet que l'intention de Kafka est de proposer une œuvre dans laquelle la condition humaine apparaît dans toute sa vérité universelle. K. deviendrait ainsi le représentant d'une humanité en proie au sentiment de la culpabilité.

Toutefois, nouveau paradoxe typiquement kafkaïen, nous sommes en permanence renvoyés à l'intériorité de K. Cette intériorité est exprimée par la récurrence des verbes de subjectivité : « Il pensait même, dans son for intérieur, que... » (p. 33), « il lui sembla un moment que... » (p. 38) ; par des passages entièrement concentrés sur sa subjectivité (début du chapitre VII) ; par ces nombreux moments où K. se parle à lui-même, au moyen du discours direct (« Devrais-je, pensait-il, me laisser inquiéter par [...] ces deux bonshommes », p. 30) ou indirect libre (« Rien n'eût été plus fou... », p. 48). En d'autres termes, si Kafka réduit la psychologie de son personnage, il ne l'appauvrit pas : il crée une forme particulière d'introspection, consistant à s'interroger sur soi-même par le détour de l'universel. L'initiale « K. » serait ainsi la marque d'une conscience de soi paradoxalement étendue à l'universalité de la condition humaine.

UNE MÉTAMORPHOSE

Toutes ces ambivalences inscrivent le personnage de K. dans une véritable problématique du changement. Notamment, ses réactions en tant qu'accusé sont hésitantes, partagées entre désinvolture, inquiétude et collaboration avec la justice.

K. hanté par une justice omniprésente

Bien que le procès n'avance pas beaucoup, il hante le personnage. Véritable « *memento mori* » destiné à lui rappeler qu'il va mourir, la justice, omniprésente, envahit sa vie, s'insinue chez lui, à la pension, au travail, dans la ville. La pension est investie par trois policiers qui s'approprient les lieux. Ses collègues sont associés à l'arrestation. K. rencontre en permanence des représentants indirects de la justice. Il traverse de nombreux lieux occupés par le personnel judiciaire. On peut dire de la justice qu'elle envahit la vie de K. de façon métonymique, par ses représentants et ses lieux. Dans le film de Welles, cela se traduit par une esthétique très uniforme, marquée par la récurrence de certains motifs, en particulier les jeux permanents sur les verticales, métaphores de l'oppression et de l'enfermement judiciaire.

Or cette intrusion modifie lentement les comportements de K. et sa psychologie. Au début du récit, il semble convaincu de son innocence, qu'il proclame haut et fort. Il ne prend pas son arrestation au sérieux (« S'il s'agissait d'une comédie, il allait la jouer lui aussi », p. 27), estimant qu'il s'agit d' « une grossière plaisanterie » (p. 27). Il cherche donc à se débarrasser le plus vite possible de son procès (p. 69), qu'il conçoit à la fois comme un défi à relever (rappelons son réquisitoire contre la justice en pleine salle d'audience) et comme un « néant ridicule » (p. 45). Mais progressivement cette désinvolture disparaît. À partir du chapitre VII, il ne cesse de penser à sa défense, et devient soupçonneux : « Mais tout le monde est donc en rapport avec la justice ! dit K. en laissant tomber la tête » (p. 173). Petit à petit, l'inquiétude du personnage semble donc se muer en paranoïa, en méfiance étendue à tout l'entourage. Par exemple, K. trouve « suspect » le comportement du directeur adjoint (p. 172). Or c'est précisément cette paranoïa qui est responsable des changements de comportements d'un accusé : « Combien de fois ce Block n'avait-il pas changé d'attitude rien que pendant la dernière heure ! Etait-ce le procès qui le ballotait ainsi de droite et de gauche sans lui permettre de distinguer ami ou ennemi ? » (p. 240). L'intrusion de la justice dans les moindres aspects de la vie de K. modifie donc non seulement son existence, mais aussi sa psychologie, sa vision du monde.

Un accusé étrangement lié à la justice

La hâte de K. d'en finir avec la justice prend une forme étonnante : celle d'une collaboration avec l'institution judiciaire. Par exemple, il se présente de lui-même au tribunal, sans convocation (p. 87). S'il dénonce avec ardeur la corruption des gens de justice (chapitre III), il garde néanmoins le silence sur les pratiques douteuses du bourreau. À aucun moment il ne cherche à contrecarrer la justice en profitant de ses relations avec un procureur dénommé Hasterer (p. 281). D'une façon générale, il facilite le travail de l'institution judiciaire, depuis son renoncement à demander le mandat d'arrêt (p. 29), jusqu'à la « complaisance » avec laquelle il se laisse exécuter (p. 278).

Cette collaboration paradoxale s'explique par des relations compliquées à l'égard de la justice, qui éclairent de façon inattendue la psychologie du personnage. K. entretient en effet une étrange connivence avec la justice. Dans de nombreux fragments, il apparaît comme un accusé lié au tribunal (« Elsa », « La maison », « Le procureur »). L'institution lui fournit la plupart de ses amis : juges, procureurs et avocats (p. 281). Bien plus : il arrive que K. se confonde avec la justice. Dans le chapitre I, mimant la scène de son arrestation devant Mlle Bürstner, il se confond avec le brigadier (pp. 54-55). Dans le chapitre III, K. prononce facilement une très longue plaidoirie. L'industriel, au chapitre VII, souligne la parenté entre K. et le milieu judiciaire : « vous êtes presque un avocat » (p. 174). K. et la justice ont au moins une forte caractéristique commune : de même que K. séduit Leni facilement, d'une façon étrange et sans effort (p. 142), la justice se caractérise par « une étrange puissance de séduction » (p. 52).

K. apparaît donc, à sa manière, comme un homme de justice. Il n'est certes pas un représentant de l'institution judiciaire. Mais il a, comme c'est souvent le cas chez les personnages de Kafka (pensons au protagoniste du *Disparu*), une exigence forte de justice. Face à une justice apparemment injuste (p. 185, les deux balances de la justice ne pèsent pas « juste »), K. revendique pour lui-même une justice juste. En d'autres termes, si la plaidoirie du chapitre III montre que K. peut facilement déclamer la justice, c'est parce qu'il est sans cesse en train de la réclamer.

Dans le film, la proximité de K. avec la justice apparaît dès la première séquence. Lorsque l'inspecteur se retrouve sur le balcon avec K., ce dernier le menace de faire intervenir un avocat qu'il connaît : « [...] il se trouve qu'un célèbre avocat est un des meilleurs amis de ma famille. » Mais Welles abandonne vite cette idée. Tout son film montre au contraire la disjonction entre son personnage et l'institution. Par exemple, l'étrange statue voilée représente probablement la justice dominant une foule d'accusés ; ces derniers ont en commun avec cette statue d'être parfaitement immobiles et d'être revêtus d'un simple tissu blanc ; or le personnage de K. est en parfaite contradiction avec ce qui l'entoure : il avance, vêtu d'un costume. Le double contraste, entre d'une part l'immobilité et le mouvement, d'autre part le costume et le simple tissu, indique nettement qu'il n'a rien de commun avec cette justice.

L'initiale dont il est affublé en guise de nom ne signifie donc pas que le protagoniste soit doté d'une personnalité simplifiée. Cette initiale est au contraire, sur bien des points, l'expression de profondes ambivalences, à la mesure des nombreux paradoxes du *Procès*. Signe réduit, marque sémantique incomplète dont on ne peut lever toutes les ambiguïtés, elle pourrait même être le symbole du projet esthétique de Kafka, *Le Procès* étant en effet – à l'image de K. lui-même – un roman au sens définitivement opaque.

4 | Les autres personnages

Le système des personnages, dans *Le Procès*, s'organise en fonction du processus judiciaire. Les personnages croisés par K. sont liés directement ou indirectement à la justice. Ils peuvent également, par leurs comportements troubles, jeter le discrédit sur cette institution.

LE PERSONNEL DE LA JUSTICE

Deux types de personnages se présentent à K., directement liés à la justice (les policiers), ou n'entretenant avec celle-ci qu'un lien non institutionnel, donc indirect, mais réel (l'avocat, le peintre, le négociant, l'abbé sont les plus importants).

Les policiers

Un comportement irrationnel et abusif

K. est arrêté par un inspecteur accompagné de deux gardiens, Franz et Willem. La caractéristique majeure de ces personnages est leur absence de rationalité, passant brutalement d'une attitude à son contraire : ils sont autoritaires, hostiles, mais aussi tristes et compatissants (p. 33). Cette attitude déroutante est à l'image du fonctionnement paradoxal de la justice, qui arrête K. mais le laisse libre. Dans le film, cette ambivalence disparaît. Menaçants, les policiers ont un comportement essentiellement abusif : si l'occupation de la chambre dans le roman est relativement justifiée (p. 34), dans le film elle est gratuite. Ce parti pris a été expliqué par Welles : « Si le fait de traîner un meurtrier devant les tribunaux est une tâche importante et juste, elle perd toute importance si l'on doit y parvenir aux dépens des droits et de la dignité de l'homme [...]. Dorénavant, je m'intéresse plus aux abus de la police et de l'État qu'à ceux de l'argent, parce qu'aujourd'hui l'État est plus important que l'argent[1]. »

La double contrainte

Les policiers donnent à K. des ordres ou des conseils paradoxaux. Ils adoptent une attitude inquiétante, puisqu'ils viennent arrêter K., tout en lui conseillant de ne pas s'inquiéter (pp. 30-31, 38). De même, le brigadier dit : « Je puis tout de même vous conseiller de penser un peu moins à nous » (p. 36), alors qu'il vient d'admettre que K. est « sans doute fort surpris » (p. 34). Ces recommandations sont paradoxales, car en contradiction avec la situation créée par celui qui les formule. Connues en psychanalyse sous le terme de « double contrainte[2] », elles sont particulièrement déstabilisantes. Nous verrons que l'avocat en fait également usage.

Les gardiens, des doubles de Joseph K. ?

Les deux gardiens présentent des points communs avec K. L'un d'eux s'appelle Franz. Dans la biographie de Kafka, Franz et Joseph sont des prénoms étroitement liés, à cause de l'admiration de l'écrivain pour l'empereur, considéré comme le protecteur des Juifs. Non seulement ils se montrent parfois bienveillants à l'égard de K., mais en outre ils s'approprient symboliquement son identité : ils surviennent le jour de son anniversaire, mangent son petit déjeuner, s'emparent de ses vêtements... Leur proximité avec K. participe du caractère onirique, absurde et angoissant de la situation. Dans l'hypothèse qu'il s'agirait d'un rêve de culpabilité, on peut se demander si ces gardiens ne représentent pas la conscience de K. Dans le film, cette proximité avec le protagoniste disparaît. Il s'agit pour Welles de mettre en scène les représentants d'un État autoritaire, capable de procéder à des arrestations

---

[1]. Voir C. Miller, *Téléciné*, avril-mai 1963, p. 10.
[2]. Voir P. Watzlawick, J. Helmick Beavin, D. Jackson, *Une logique de la communication*, Seuil, coll. « Points », 1979, pp. 187-231.

injustifiées. De ce point de vue, le film est plus explicitement politique que le récit de Kafka, davantage construit sur le fantasme.

L'avocat

Un avocat inefficace et véreux

Me Huld est l'avocat conseillé par l'oncle de K. Sa caractéristique la plus marquante est son inefficacité (p. 163). Sa seconde caractéristique est le symbole de cette inefficacité : il est malade, obligé de rester au lit. Autre caractéristique : il entretient de troubles réseaux d'amitié au sein du tribunal. Son handicap apparaît donc également comme le symbole d'une justice « malade » au sens métaphorique du terme, c'est-à-dire injuste, vénale.

Un avocat pervers

Une autre caractéristique fait écho aux discours paradoxaux des policiers : Huld manie perversement la double contrainte à l'encontre de Block, constamment « troublé par des ordres contradictoires » qui altèrent ses facultés de jugement (p. 212). Il l'humilie en le faisant venir puis en lui reprochant d'être importun (p. 238). Ces injonctions contradictoires (viens, ne viens pas) étant l'une des caractéristiques les plus fortes de l'appareil judiciaire, l'avocat apparaît comme le représentant le plus parfait de la justice. L'ironie est qu'il est précisément censé protéger K. de cette justice.

Dans le film, Welles endosse le rôle de l'avocat, auquel il confère beaucoup d'autorité, sous le nom de Hastler. Lors de la première rencontre (séquence 7), cette autorité est mise en scène par les angles de prise de vue (contre-plongée), la diction, les jeux d'ombre et de lumière, et la corpulence même du comédien. Mais dans la séquence 9, il inspire de la répulsion, par l'humiliation qu'il fait subir à Block. On peut même se demander dans quelle mesure les vapeurs qui s'élèvent de son visage n'en font pas une sorte de personnage diabolique (dans la culture médiévale le diable est souvent représenté en avocat, maître de la parole et du mensonge).

Une personnification de la Loi ?

L'intérêt des modifications apportées par Welles est de bouleverser le portrait psychologique de K. Alors que, dans le roman, ce dernier affiche un certain mépris devant la soumission de Block (p. 239), dans le film il n'en supporte pas le spectacle et part précipitamment. Hastler devient ainsi une figure clé de la révolte finale de K. Il est donc logique de le voir revenir dans la dernière séquence. Cet ajout, où l'avocat apparaît comme un être intelligent, calculateur et cynique, semble faire de lui plus qu'un simple représentant de la justice : une véritable personnification de la Loi. C'est d'ailleurs lui qui montre à K. l'écran d'épingles avec le portail de la Loi. Toutefois, il est vaincu par K., qui renverse les rôles en manipulant à son tour l'appareil de projection : K. transforme Hastler en personnage d'illusion (il projette l'ombre de l'avocat sur l'écran). Welles suggère ainsi que la révolte de K. s'exerce à l'encontre de la Loi elle-même.

Le peintre

Un personnage ambigu

Personnage famélique, « presque un mendiant » (p. 173), habitant une mansarde misérable dans « un faubourg diamétralement opposé aux bureaux du tribunal » (p. 179), Titorelli peint des toiles médiocres. Moralement ambigu, il entretient avec les fillettes de son immeuble de troubles relations (pp. 182-183). Autre ambiguïté : quoique misérable et vivant loin du tribunal, il maîtrise parfaitement la législation, dont il fait un exposé très complet à K. C'est pourquoi, contrairement aux apparences, il apparaît le mieux « placé » pour l'aider, aux sens figuré et propre : il loge dans des locaux du tribunal (p. 207).

Une fonction symbolique

Peintre officiel du tribunal, il vit « surtout du portrait » (p. 273). Cela suggère que, comme tout portraitiste, il a accès à l'âme de son modèle, la justice. C'est donc chez lui, par ses tableaux allégoriques, que K. prend clairement conscience de la véritable nature de la justice : une institution injuste (les plateaux de sa balance sont en déséquilibre, p. 185) et invincible, chassant inexorablement l'accusé, telle un animal sauvage. Le personnage de Titorelli a ainsi pour fonction de montrer l'issue nécessairement fatale du procès de K.

On doit aussi noter que, en tant que peintre, de surcroît « menteur » (p. 174), Titorelli est expert dans l'art de l'illusion. En cela, il est proche d'un cinéaste, qui met lui aussi en images le réel. D'autre part, Titorelli « est bavard », il raconte les « histoires des autres » (p. 174). Cela le rapproche également d'un cinéaste (et d'un romancier), qui met en scène des histoires. On a donc l'impression que, en s'attribuant le rôle de Hastler, manipulateur et maître de cette machine à illusions qu'est l'appareil de projection, Welles a déplacé sur le personnage de l'avocat certaines caractéristiques du peintre. Dans le roman comme dans le film, K. est ainsi confronté à un maître en matière d'illusions, sans doute afin de mieux suggérer le caractère onirique de son procès.

Un être amoral

Chez Welles, une autre caractéristique du personnage apparaît. Le peintre est attiré par K. Dans le roman, un seul passage le laisse supposer : il « s'était renversé confortablement sur son siège, la chemise ouverte sur la poitrine, une main passée dessous dont il se caressait les flancs » (p. 202). Dans le film, il se tient près de K. et l'appelle « mon chou ». Dans le contexte des années 60, cette homosexualité explicite renforce le côté amoral du personnage, déjà suggéré par les connotations pédophiles de ses relations avec les fillettes. La proximité spatiale du tribunal et de l'atelier suggère donc que l'amoralité du peintre affecte aussi la justice.

M. Block

Une triple fonction romanesque

Block est un négociant, client de Huld. Il dort parfois chez l'avocat dans « une pièce basse sans fenêtre » avec « un lit étroit » (p. 228). Il est l'amant de Leni, qui rend compte à l'avocat de ses faits et gestes. Au cours d'un dialogue avec K., il avoue que son affaire dure (p. 215) et qu'il a cinq avocats (p. 217), mettant ainsi en évidence l'inutilité de cette corporation. Au sein du roman, il occupe une triple fonction. D'abord, une fonction épidictique[1] : blâmer l'inefficacité des avocats, dénoncer l'ignominie de leur représentant, Huld, qui l'humilie (p. 241). Ensuite, une fonction rythmique : K. prenant la décision d'assumer seul sa défense, la rencontre avec ce personnage accélère le tempo du récit. Enfin, une fonction actantielle : Block n'est autre qu'une image d'accusé, donc un double de K., dont il préfigure par sa vie de soumission et d'angoisse l'un des destins possibles. C'est par ce biais qu'il figure parmi les personnages indirectement liés à la justice.

Une figure de l'aliénation humaine

Dans le film, manipulé par Leni comme par Hastler, Bloch incarne fortement l'aliénation humaine. Le jeu expressif du comédien met en valeur cette soumission : dans la cuisine, séquence 9, il se tient recroquevillé dans un coin. La mise en scène de son humiliation par Hastler repose sur des procédés cinématographiques comme la position spatiale de l'avocat (dans un lit surélevé), l'angle de prise de vue (la plongée écrase Bloch), la gestuelle du négociant (d'abord à genoux, puis rampant), la composition du plan (il est isolé par rapport au couple que forment Leni et K., ce qui accentue sa misère, sa solitude)…

L'abbé

Un narrateur secondaire

Dernière rencontre de K., ce personnage raconte la légende de la Loi – mise en abîme rétrospective de l'histoire de K. L'abbé, aumônier de la prison (p. 260), est donc un narrateur secondaire en relation avec le milieu judiciaire. Le fait qu'il soit chargé de narrer cette légende confère à la Loi un poids considérable, dotée

---

[1]. *Épidictique* : discours rhétorique visant à louer ou à blâmer.

d'un caractère de véracité, d'inéluctabilité, attribué traditionnellement aux discours religieux. Chez Welles, c'est l'avocat qui se charge de rapporter cette légende. La justice perd donc ce lien direct avec le sacré pour rester dans le seul domaine de la rhétorique judiciaire, de la parole manipulatrice, avec ses illusions, ses mensonges et ses effets de manche.

Un porte-parole du rêve

L'abbé apparaît néanmoins dans la séquence 11. Il tient un discours étrange, paradoxal. Se montrant au courant de la situation de K., allant jusqu'à mentionner l'aide que lui ont apportée les femmes, il l'informe que son affaire va mal. Pourtant, ne s'étant pas présenté comme l'aumônier de la prison, il n'est pas susceptible de connaître le procès de K. L'étrangeté tient donc au fait que ce personnage ne peut avoir connaissance du procès, alors que son discours est pleinement en phase avec celui-ci. Ce personnage tient ainsi un discours onirique. En cette fin de film, il permet de rappeler l'onirisme du début, de boucler un processus judiciaire purement cauchemardesque.

Évoquer la figure du père

K. lui répondant : « je ne suis pas votre fils », il permet également de marquer l'absence d'un personnage fondamental, tant dans le roman que dans le film : le père. Dieu ou autre, le père est, chez Kafka, la figure autoritaire et culpabilisante par excellence (→ PROBLÉMATIQUE 1, p. 50). L'absence de cette figure fait sens : elle suggère que l'autorité du tribunal paternel est pesante au point d'être indicible.

LES PERSONNAGES FÉMININS

Si K. reste un héros célibataire, comme la plupart des héros kafkaïens, il rencontre malgré tout un certain nombre de femmes qu'il séduit et repousse tour à tour, l'homme et la femme ne parvenant jamais à s'entendre chez Kafka. Ces personnages féminins sont tous liés, indirectement, à la justice et à la culpabilité de K.

Les femmes et la justice

La femme de l'huissier, épouse d'un employé du tribunal, et Leni, en tant que soignante de l'avocat, sont des représentantes indirectes de l'institution. Toutes deux sont aptes à tenir des discours sur la justice, à émettre des opinions dont tient compte K. On peut ranger dans cette catégorie Irmie, la cousine de K. Dans le roman, prénommée Erna, elle est simplement l'auteur d'une lettre. Welles a donc introduit une figure féminine supplémentaire. Au cours d'un dialogue à la sortie du tribunal (séquence 8), K. lui annonce son projet de se défendre seul. Irmie restant dubitative, et le dialogue se terminant par un « adieu », ce personnage permet d'indiquer que la lutte du protagoniste contre l'omnipotence de la justice est vouée à l'échec.

C'est Mme Grubach qui, de ce point de vue, est la plus intéressante. Elle n'est pas liée à l'institution, mais K. feint, en entrant dans le tribunal, de chercher « le menuisier Lanz », du nom du neveu de sa logeuse, le capitaine Lanz (p. 73). Cela suggère une forme de relation, très indirecte mais réelle, entre la logeuse et le tribunal. De fait, c'est elle qui tient le premier propos vrai sur la justice : « votre arrestation [...] me fait l'impression de quelque chose de savant que je ne comprends pas [...] *mais qu'on n'est pas non plus obligé de comprendre*[1] » (p. 45). Voilà sans doute l'information la plus explicite de tout le roman sur la nature onirique du processus judiciaire. D'une autre manière, Welles place aussi ce personnage au cœur d'un effet d'onirisme révélateur : préparant à K. son petit-déjeuner sans prêter attention aux policiers venus l'arrêter, elle témoigne d'une indifférence, d'une absence de réaction aux événements, qui serait incongrue dans la vie réelle. Porté par ce personnage, l'onirisme surgit pour suggérer que cette arrestation et la justice qui en est responsable n'appartiennent pas au monde normal.

---

[1]. C'est nous qui soulignons.

Les femmes et la faute

Les autres figures féminines sont directement liées à la faute. Mlle Bürstner, qui apparaît deux fois, à des endroits stratégiques : juste après l'arrestation de K. (p. 49), juste avant son exécution (p. 276), est probablement une image culpabilisante de Felice Bauer, la fiancée de Kafka. On sait en effet que ce dernier considérait la rupture des fiançailles comme une sorte de procès (→ PROBLÉMATIQUE 1, p. 50). Erna, la cousine dont K. se désintéresse, est également une figure de la faute : on se souvient que le renoncement à la famille constitue une sorte de péché aux yeux de Kafka (→ PROBLÉMATIQUE 3, p. 68).

Un « érotisme pervers et morbide »

Welles estime que *Le Procès* est empreint d'un « érotisme pervers et morbide » (→ PROBLÉMATIQUE 2, p. 58). Outre Titorelli, d'autres personnages liés à la justice assument cet érotisme, comme le bourreau, voire les policiers eux-mêmes (le cuir de leurs vêtements évoque une sensualité sado-masochiste). Mais ce sont surtout les personnages féminins qui ont pour fonction d'incarner cette sexualité coupable.

Les plus choquants sont évidemment les petites filles avec lesquelles Titorelli joue « amicalement » (p. 182). La petite bossue, par sa difformité, symbolise le caractère anormal et pervers d'une telle sexualité. Dans son film, Welles atténue cet érotisme mais il en suggère la perversité par des jeux de lumière expressionnistes et des mouvements de caméra propres à faire naître le malaise. Il transpose en revanche la pédophilie de Titorelli sur K., avec les insinuations du directeur adjoint à l'égard de sa cousine (séquence 2). Cette cousine a d'ailleurs moins de seize ans alors que, dans le roman, elle est âgée de dix-huit ans (p. 127).

Autre personnage féminin physiquement anormal (dotée d'une peau entre les doigts qualifiée de « serre »), Leni entretient avec K. une relation amoureuse. Mais elle a une caractéristique étrange, « une bizarrerie » : elle trouve tous les accusés « très beaux », elle « s'accroche » à eux (p. 230). À cette forme de nymphomanie s'ajoute sa perversité : elle raconte ses aventures à l'avocat (p. 231). Leni, attirée par les accusés, est ainsi à l'image des autorités judiciaires, « attirées » par le délit (p. 29). La sexualité de ce personnage, comme celle de Titorelli, a donc pour fonction de projeter sur la justice une lumière trouble. Dans le film sa nymphomanie est accentuée dès la première entrevue (« je vais vous faire l'amour et vous verrez que vous ne pourrez plus me quitter ! »), ainsi que sa perversité (elle jouit de l'humiliation de Bloch). Romy Schneider, qui incarne le personnage, est utilisée à contre-courant de ses rôles habituels de jeunes filles pures (*Sissi*), de manière à choquer davantage le spectateur.

Autre séductrice, Hilda, femme infidèle de l'huissier, est la maîtresse de l'étudiant et du juge d'instruction. Cherchant à séduire K., elle incarne la corruption et le désordre de la justice : « Elle s'offre à moi, elle est aussi corrompue que tous les autres ici » pense K. (p. 91). La légèreté perverse d'Hilda est mise en valeur par Elsa Martinelli dans le film. Séquence 8, elle adopte une gestuelle très entreprenante, touchant les chevilles de K. après lui avoir offert son aide (insinuant ainsi que cette aide ne sera pas gratuite), lui montrant ses bas et enfin l'embrassant sous le regard jaloux de l'étudiant.

Paradoxalement Mlle Bürstner, pourtant objet de la faute, est à l'opposé de cet érotisme féminin pervers : c'est K. qui fait montre d'une sexualité agressive à son égard (« Il l'attrapa et la baisa sur la bouche », p. 57). Mais Welles inverse les rôles. Mme Grubach en fait un portrait négatif, la présentant comme « une théâtreuse » et dénigrant « ce genre de femme ». K. s'en offusque, mais l'ivresse de Mlle Bürstner, son langage (« Après tout, merde, je m'en fous ») et sa tenue (en déshabillé), confirment le discours de la logeuse. D'autre part, c'est elle qui embrasse K. puis le met dehors (dans le roman, c'est lui qui s'en va). Welles noircit le personnage, renouant avec la forme d'érotisme attribuée par Kafka aux autres femmes, sans doute pour affranchir K. de son agressivité érotique et ainsi annoncer son héroïsme tragique final.

La femme, personnage ambivalent

Les femmes chez Kafka se ressemblent presque toutes, elles sont porteuses des mêmes ambivalences. Les plus vieilles sont assimilables à la mère. C'est le cas de Mme Grubach, dont la fonction de logeuse est significative : elle assure à K. une demeure protectrice, le nourrit, raccommode son linge (p. 43), le rassure après son arrestation (p. 44). Même si la mère de K. est absente du roman, elle est donc présente, à titre symbolique. Mais n'oublions pas que la mère de Kafka est coupable de n'avoir pas donné au père la lettre de son fils (→ PROBLÉMATIQUE 1, p. 50). La mère, comme toute femme, est donc susceptible de se montrer déceptive : « Tu vas trop chercher l'aide des [...] femmes. [...] Ne t'aperçois-tu donc pas qu'elles ne sont pas d'un vrai secours ? » (p. 261).

Quant aux plus jeunes, elles sont à la fois anges et démons, servant l'homme avec dévouement, mais aussi s'offrant à lui avec facilité. Une femme aussi perverse que Leni sait faire preuve de « compassion » lorsqu'elle s'inquiète du « harcèlement » dont est victime K. (p. 252). Dans son film, Welles met en avant la dualité constitutive de la femme chez Kafka : Mlle Bürstner est à la fois attentive (elle se soucie des problèmes de K. : « Alors, qu'est-ce qu'il y a qui ne va pas ? ») et hystériquement violente (quand elle constate que ses photos ont été bougées). En outre, Welles a écarté le personnage de l'industriel, qui fournissait l'adresse de Titorelli à K., pour le remplacer par Leni, qui réalise donc un acte bienfaisant. Kafka considère la femme comme un instrument de salut autant que de perdition. C'est pourquoi elle est, dans *Le Procès*, si paradoxale, si « incompréhensible » (p. 145).

5 La structure narrative

Au plan structurel, *Le Procès* se déroule sous le signe de l'inachèvement. Cette particularité narrative peut être considérée comme la marque des incertitudes du sens ménagées par Kafka. Nous allons voir en outre que Welles a enrichi ce procédé par toutes sortes de modifications, en particulier en ce qui concerne les lieux et les personnages.

UNE STRUCTURE OUVERTE

Kafka ne désirait pas publier *Le Procès*, mais il en a malgré tout fait paraître deux parties : « La légende de la Loi » (pp. 263-265), publiée en 1915 sous le titre *Devant la loi*, ainsi qu'*Un rêve*, rêve de K. ne figurant pas dans le roman tel que nous le connaissons actuellement. Resté inachevé, *Le Procès* est publié un an après la mort de son auteur, en 1925 à Berlin, par les soins de son ami Max Brod.

Un texte inachevé

Comme *Le Disparu* (ou *L'Amérique*) écrit en 1912, ou bien *Le Château* écrit en 1922, l'une des particularités de ce roman est d'être inachevé. L'inachèvement ne concerne pas le dénouement, puisque l'histoire commence au moment de l'arrestation de K. et se termine par son exécution (ces deux étapes narratives, le début et la fin, sont les premières à avoir été rédigées). Il affecte le déroulement de l'action, l'enchaînement des péripéties. Kafka, en effet, n'a pas terminé tous les chapitres intermédiaires. Dans les éditions récentes, ils sont le plus souvent regroupés dans une partie intitulée « Chapitres inachevés » (p. 281 et sq.). Par ailleurs, Kafka ne les a pas numérotés. Leur ordre dépend donc de la cohérence interne de l'ensemble, et de la responsabilité de l'éditeur. Max Brod note ainsi : « La division et les titres des chapitres sont de lui. Quant à leur distribution, c'est moi qui ai dû l'assumer. » Il ne faut donc pas oublier que, dans une certaine mesure, le texte du *Procès* est dû à l'interprétation de Brod.

Rêve et inachèvement

Cet inachèvement n'est toutefois pas étranger à l'univers de Kafka. Il affecte maintes de ses œuvres (notamment *Le Château*). Il a d'abord une origine biographique. La source d'inspiration privilégiée de Kafka, en effet, est le rêve. S'il ne rêve pas, il ne peut pas écrire. L'après-midi, de retour de son travail, il prend l'habitude de faire une sieste. À son réveil, après avoir rêvé, il se met à écrire, souvent jusque tard dans la nuit. On peut ainsi parler d'une véritable « technique onirique » d'écriture. Mais cette méthode est aléatoire, les rêves survenant de manière trop irrégulière. De plus, ce rythme épuisant aboutit à des crises de surmenage. Il y a donc des périodes durant lesquelles la source d'inspiration se tarit.

Esthétique et philosophie de l'inachèvement

On peut aussi, et surtout, expliquer cet inachèvement par un goût pour une esthétique du discontinu, une volonté de rompre avec les normes traditionnelles de l'écriture romanesque, dominées par l'idée classique de *nécessité* : afin de mener le récit vers sa fin nécessaire (au sens d'« inéluctable »), les péripéties doivent s'enchaîner selon une logique au sein de laquelle événements et personnages sont mutuellement dépendants.

On peut l'expliquer également par la visée universelle que Kafka confère à ses écrits, par sa volonté de porter un regard sur la condition humaine et l'existence de l'homme : comment, en effet, trancher, affirmer quoi que ce soit de définitif, quand on est pénétré de l'idée que le mouvement de la vie se poursuit indéfiniment ? Le sens reste donc incertain, ouvert à tous les possibles. C'est la seule manière, pour Kafka, d'approcher la vérité.

Une structure ouverte ?

Son inachèvement fait donc du *Procès* une œuvre ouverte. Il est possible, à l'infini, d'imaginer des chapitres entre le début du roman et son dénouement. Les faits sont ainsi organisés sur une idée centrale (en vain, K. part à la rencontre d'un individu censé lui apporter de l'aide), autour de laquelle vont se greffer toutes sortes d'échos thématiques, macrostructurels. Par exemple, la rencontre de Titorelli, le peintre, rappelle celle de Me Huld, l'avocat : elles se déroulent dans des espaces clos et étranges, où évoluent des experts de la Loi accompagnés de figures féminines à l'érotisme pervers, marquées par la difformité (la petite bossue, Leni et sa main palmée). Ce système d'échos s'organise aussi sur la récurrence de motifs microstructurels. Par exemple l'intérêt porté à la chemise de K. par les policiers venus l'arrêter (p. 26) peut être mis en parallèle avec le soin apporté à cette même chemise par les bourreaux, à la fin du roman (p. 278) ; la boiterie affecte Mlle Montag (p. 59), l'étudiant en droit (p. 95), le bedeau (p. 255)... Ces échos suggèrent que le récit se déroule non pas selon une logique linéaire, chaque péripétie ou personnage en entraînant nécessairement de nouveaux, mais par juxtaposition de chapitres indépendants, selon une logique en miroir permettant d'imaginer toutes sortes de lieux et de personnages similaires. On a donc davantage affaire à une série de variations sur un thème central qu'à une progression narrative.

Une structure implacable

Néanmoins, et ce n'est pas le moindre des paradoxes du *Procès*, cette structure ouverte obéit à une logique implacable : l'arrestation, première étape du processus judiciaire, conduit à une seconde étape nécessaire : l'interrogatoire, puis aboutit tout aussi inéluctablement à l'exécution. Seule l'étape du jugement fait défaut, pour bien signifier que nous avons affaire à une justice gratuite et absurde.

On peut donc dire que, dans *Le Procès*, deux logiques narratives s'interpénètrent et coexistent de manière contradictoire : une logique romanesque marquée par l'inachèvement et l'ouverture, et une logique judiciaire marquée au contraire par une progression et une nécessité finale. Cette coexistence paradoxale contribue à l'étrangeté du récit.

LES MODIFICATIONS DE WELLES

Orson Welles a modifié ou supprimé un certain nombre de personnages et de lieux du roman. Nous avons vu que ces transformations pouvaient souligner certains aspects des personnages : par exemple, Leni fait preuve de bienveillance en donnant l'adresse de Titorelli à la place de l'industriel (➔ PROBLÉMATIQUE 4, p. 76). Mais elles peuvent avoir aussi des fonctions rythmiques, directement liées à la narration : l'ajout ou la suppression d'un lieu, d'un personnage, permet de modifier le tempo du récit, et ainsi de proposer une lecture du roman.

Des personnages supprimés ou transposés

Welles a supprimé un certain nombre de personnages, de manière à accentuer l'isolement de K., qui se retrouve sans ces interlocuteurs que lui conférait le roman. Entrent dans cette catégorie la suppression du fils du concierge (chapitre I) et celle des habitants des bureaux du tribunal auxquels K. demande son chemin (chapitre III). Ces suppressions ont surtout une portée thématique (elles sont au service du thème de la solitude). Autre suppression de ce type : il élimine l'apparition finale de Mlle Bürstner (chapitre X), sans doute parce que cette apparition associe trop visiblement la faute de K. à ce personnage. Welles préfère en effet, à la fin de son film, montrer un K. plus combatif, moins écrasé par la honte et la culpabilité (➔ REPÈRES, p. 47). Cette suppression est donc au service du thème de la révolte héroïque.

Mais Welles a aussi éliminé des personnages mineurs, des passants, des silhouettes, qui ne participent pas, ou de façon très secondaire, à l'intrigue. Ainsi, disparaissent le capitaine Lanz (chapitre II), un gendarme (chapitre IV), un homme en robe de chambre (chapitre VI), le client italien, la vieille femme et le sacristain de la cathédrale (chapitre IX), des enfants, un sergent de ville. De cette manière, excepté les foules impersonnelles de la banque et du théâtre (séquences 2 et 4), tendent à ne subsister dans le film que des personnages impliqués dans le procès. Ces suppressions sont structurelles, elles ont une fonction rythmique, qui est de resserrer le récit autour des péripéties du processus judiciaire.

Enfin, certaines modifications (non plus des suppressions mais des transpositions) ont à la fois une portée thématique et une fonction rythmique. Welles choisit en effet de transposer certains personnages, en les remplaçant par des femmes. L'homme à la moustache et le couple de vieillards qui observent K. au chapitre I sont remplacés par deux femmes. La foule des domestiques se trouvant dans les couloirs de la banque a disparu au profit de la secrétaire de K. Le préposé aux renseignements des Archives et la jeune femme qui guident K. pour ressortir au chapitre IV sont réduits à une seule femme. L'industriel qui donnait l'adresse de Titorelli à K. est remplacé par Leni. Welles, de cette manière, renoue avec le thème, omniprésent dans le roman, de la femme comme jalon essentiel dans la quête de K. L'efficacité rythmique de ces transpositions est évidente : en montrant toutes ces figures féminines, en les exhibant sur la route de son personnage, il fait l'économie des discours explicatifs auxquels se livre Kafka sur les femmes comme auxiliaires de K. (→ PROBLÉMATIQUE 4, p. 74).

De nouveaux lieux

Le rythme peut être, à l'inverse, ralenti par des modifications. La scène de la séquence 3 avec Miss Pittl (incarnation de Mlle Montag dans le film) en est un exemple. La modification porte cette fois sur les lieux. Dans le roman, l'entrevue avec Mlle Montag se déroule dans un espace typiquement kafkaïen, clos, étroit, inconfortable (représentatif de l'inadaptation des êtres au monde), dans lequel les personnages se tiennent difficilement assis (p. 63). Depuis le début, nous sommes dans l'espace de la pension. À l'inverse, dans le film, nous avons quitté la pension pour la banque, le rythme s'est accéléré. Au moment où K. rencontre Miss Pittl, nous abordons un nouvel espace, immense terrain vague bordé d'immeubles imaginé par Welles. Le rythme semble donc continuer sa progression. Mais en réalité, ce décor inédit ralentit le récit. Ce ralentissement est dû d'abord au fait que le son des voix est éloigné, difficilement audible, obligeant le spectateur à fournir un effort. Ensuite, au choix du plan séquence, qui respecte la durée naturelle des faits (alors que les changements de plans précédents créaient, par leur variété, une idée de rapidité). Enfin, au paysage monotone qui renforce l'impression d'étalement du temps. La boiterie du personnage féminin et sa lourde malle participent également de ce ralentissement (ils en sont des éléments symboliques).

Ces innovations associées à un changement rythmique ont une fonction thématique, qui est de refléter les paradoxes de l'univers kafkaïen : l'arrivée dans un lieu nouveau est censée accélérer le rythme, mais ici elle le ralentit ; nous abordons un espace ouvert en apparence, mais en réalité fermé par ses connotations carcérales et totalitaires dues à l'uniformisation déshumanisante de l'architecture.

Les modifications structurelles de Welles ne sont pas simplement dues à la transposition à l'écran du roman. Elles visent aussi à proposer une interprétation de l'univers kafkaïen. Cette interprétation passe par des innovations rythmiques.

6 | L'espace

Les lieux du *Procès* reposent sur des paradoxes. D'une part, quoique strictement réduits à un espace clos et limité (celui de la ville), les descriptions kafkaïennes tendent à leur conférer une dimension infinie. D'autre part, bien que notre héros s'y déplace en toute liberté, ces lieux l'enferment à la manière d'une prison. Enfin, les portes s'ouvrent sur des lieux que l'on croyait éloignés. En d'autres termes, l'espace du *Procès* s'apparente à celui d'un labyrinthe, espace fermé au sein duquel il est possible de se mouvoir indéfiniment sans jamais en sortir, et à l'intérieur duquel s'opèrent toutes sortes de connexions entre le proche et le lointain.

L'ESPACE DE LA VILLE

L'espace du *Procès* a pour première caractéristique d'être étroitement limité à un fait social : la ville. Celle-ci offre un thème riche en implications, à la fois dans l'économie du roman, mais aussi par ses perspectives symboliques.

Un espace strictement urbain

K. ne s'aventure jamais à la campagne par plaisir, uniquement pour des raisons professionnelles : il est parfois invité « à venir se promener en auto ou à dîner dans [la] villa » de son directeur (p. 42). Son rejet de la campagne apparaît surtout lorsqu'il qualifie « avec terreur », mais aussi avec une sorte d'ironie cruelle, son oncle provincial de « fantôme rustique » (p. 125). Or ce rejet prendra tout son sens à la fin du roman, l'exécution se déroulant en effet « hors de la ville [...] dans les champs », à l'intérieur d'une petite carrière abandonnée (p. 277). La préférence de K. pour la ville semble donc jouer un rôle de prolepse, d'annonce : elle crée des effets d'attente qui dramatisent le récit.

La ville, espace de la faute

D'une façon plus générale, le thème de la ville est très important dans l'œuvre de Kafka, notamment dans *Le Disparu*, où se manifeste sa fascination pour le mythe de Babel. Cette cité de l'Ancien Testament s'est rendue coupable d'une faute primordiale : par orgueil, les habitants édifièrent leur ville jusqu'au ciel afin de lancer un défi à Dieu. Le fait de circonscrire K. dans un espace strictement urbain permet donc d'enrichir le thème de la culpabilité : K. se meut au sein d'un espace essentiellement symbolique (la ville n'ayant pas de nom, elle n'est pas identifiable, sauf en tant que symbole) marqué par la faute.

On remarquera d'ailleurs que, dans le dialogue entre l'oncle et K., la campagne apparaît comme un espace où l'on peut « [s'arracher] un peu à la justice » (p. 130) : c'est la ville qui est le lieu de la culpabilité, non la campagne. On peut aussi se demander dans quelle mesure la situation géographique du tribunal, hors de la ville mais proche de celle-ci (« immeuble lointain situé dans une rue de faubourg »), aux dimensions quasi infinies (« façade extraordinairement longue et porte de formidables dimensions », p. 72), n'est pas une allusion à ce mythe : la ville de K. s'étend, se rapproche du tribunal, comme Babel s'est élevée jusqu'à son juge suprême, Dieu. Enfin, la mort de K. dans une carrière, espace destiné à l'édification des villes, permet d'évoquer la construction de Babel. Évidemment, ces explications théologiques ne fonctionnent dans *Le Procès* qu'à titre de simples allusions. Elles permettent néanmoins de percevoir l'espace urbain dans sa dimension symbolique mais aussi fantasmatique, la religion étant à la fois acceptée et refoulée par Kafka.

UN ESPACE CLOS ET INFINI : LE LABYRINTHE

L'espace du *Procès* se caractérise par des frontières imprécises mais néanmoins réelles. Malgré ses nombreux déplacements, le protagoniste se retrouve souvent aux mêmes endroits : la banque, le tribunal, la pension... K. se débat ainsi à la manière d'un animal de laboratoire, comme s'il était mis à l'étude au sein d'un gigantesque labyrinthe à la fois physique et psychologique.

Un espace infini

K. évolue dans un cadre urbain aux limites indéfinissables. Le tribunal, doté d'une « façade extraordinairement longue et d'une porte de formidables dimensions », est un lieu si vaste que K. ne parvient pas à en cerner les frontières. On en retrouve partout les bureaux, comme s'il était une pieuvre aux tentacules multiples et infinies. Par exemple, alors qu'il se rend avec son oncle chez l'avocat, K. s'étonne d'arriver dans le faubourg des bureaux de la justice, mais l' « oncle ne trouva rien de bien curieux à cette coïncidence » (p. 133). L'étonnement de K. traduit la nature paradoxale de l'espace kafkaïen : l'action se déroule dans un nombre restreint de lieux (la pension, la banque, le tribunal, la maison de l'avocat et l'atelier de Titorelli), dont les limites sont extensibles.

Les dimensions infinies de l'espace sont bien mises en avant par Welles, qui choisit la gare d'Orsay comme décor de la plupart de ses séquences. Ce vaste édifice se prête particulièrement aux plans d'ensemble, aptes à souligner le gigantisme de lieux comme le tribunal ou la banque. Dans la séquence 8, K. parcourt de fond en comble le tribunal accompagné de l'huissier. La marche rapide et chaotique des deux hommes et la succession des différents angles de prise de vue (plongée, contre-plongée, vision frontale) accentuent l'immensité de l'endroit, en suggèrent le caractère infini.

Un espace clos

Paradoxalement, l'espace du *Procès* est également caractérisé par la clôture. Ce point est surtout manifeste chez Welles. La chambre de K., dès la première séquence, est fermée, les portes et les fenêtres ne donnent sur aucun extérieur. La hauteur basse du plafond et les faibles dimensions de la pièce enserrent le personnage dans un espace étroit. Ensuite le plan-séquence, plan long décrivant l'ensemble d'une action d'un seul tenant, rend les nombreux déplacements de K. semblables à ceux d'un animal en cage. Enfin, les regards des personnages centrés sur eux-mêmes et jamais portés vers le hors-champ suggèrent un espace fermé.

Le thème de la clôture est aussi renforcé par certaines modifications diégétiques. Welles bouleverse l'ordre du roman pour prolonger la scène dans la pension. Dans le chapitre I, correspondant à la première séquence, Kafka introduit en effet une pause : K. retourne à la banque avant de rencontrer Mlle Bürstner (pp. 42-43). La suppression de cette sortie à l'extérieur, véritable moment de répit pour K., maintient le personnage enfermé dans le lieu de son arrestation.

La chambre n'est pas le seul espace clos. Dans la séquence 5, après l'arrivée de K. au tribunal, portes et fenêtres sont refermées derrière lui. En outre, la majorité des plans sont structurés par des lignes obliques se rejoignant dans un angle. Lorsque K. se lance dans sa longue plaidoirie, il est lui-même situé au point de rencontre de ces lignes. L'espace se referme ainsi sur lui, par opposition à des plans où le point de fuite des lignes serait invisible ou hors-champ, ouvrant ainsi l'espace sur l'extérieur.

Ces clôtures spatiales sont doublement métaphoriques : elles reflètent l'issue nécessairement fatale du procès, mais aussi l'angoisse de l'accusé (rappelons que « angoisse » vient du latin *angustia*, qui signifie « étroit », « serré »).

Un espace labyrinthique

Un espace à la fois infini et clos évoque l'image du labyrinthe. De fait, cette image est un élément important de la caractérisation du tribunal, espace fermé mais également mal délimité, composé de longs couloirs et d'escaliers énigmatiques. Devant l'errance de K., on pense aux représentations célèbres des *Prisons* par Piranèse (1720-1778), espaces complexes traversés d'escaliers torturés qui ont eu une grande influence sur la littérature, en particulier romantique.

L'image du labyrinthe est évidemment traduite par des descriptions spatiales : « K. s'avançait déjà vers l'escalier quand il s'arrêta tout à coup en s'apercevant qu'il y en avait encore trois autres, sans compter un petit passage qui devait mener à une seconde cour » (p. 72). On remarque dans cette phrase l'abondance d'indications destinées à souligner la profusion des directions possibles (« l'escalier », « trois autres », « un petit passage », « une seconde cour »). Mais cette image est également traduite par les marques psychologiques d'une conscience troublée (« il s'arrêta tout à coup, en s'apercevant [que] »). La première visite au tribunal est également caractérisée par l'idée du renoncement : « Au cinquième étage, il décida de renoncer à ses recherches » (p. 74). Perte des repères, inquiétude puis renoncement sont les trois étapes habituelles de l'exploration d'un labyrinthe.

Welles accentue cette dimension labyrinthique. Lorsque K. se rend pour la première fois au tribunal, dans la séquence 5, cette dimension est accentuée d'abord par l'ouverture de l'espace sur un couloir éclairé qui semble infini, puis par l'arrêt de K. devant une multitude de portes identiques. Plus tard, après l'interrogatoire, c'est la succession rapide de plans présentant K. montant puis descendant des escaliers qui suggère un espace labyrinthique. Par ailleurs, alors que le référent pictural de Kafka pourrait bien être les gravures de Piranèse, les nombreux plans d'ensemble de Welles, où se chevauchent des lignes obliques, rappellent les gravures d'Escher (1898-1972), dont les motifs s'imbriquent les uns dans les autres et semblent se répéter à l'infini, comme dans un cauchemar. Les angles de prise de vue donnent enfin à l'ensemble une profondeur qui suscite le vertige. Dans le film, l'espace labyrinthique de Kafka s'enrichit donc d'une dimension cauchemardesque.

UNE VASTE PRISON ?

L'espace n'est pas seulement analogue à un labyrinthe, il est aussi, et surtout, une représentation indirecte et imagée de la prison, destinée à souligner l'enfermement psychologique du personnage dans l'angoisse de son impossible acquittement.

Un espace carcéral

Les actions, dans le roman, sont généralement effectuées dans des lieux intérieurs (chambre de K., tribunal, atelier de Titorelli…). Rares sont les scènes d'extérieur et, même dans celles-ci, c'est bien une impression d'enfermement qui se dégage. La rue du tribunal présente « une longue série de hautes maisons grises et uniformes, grandes casernes de rapport » (p. 71). L'uniformité de la ville est signalée également par les étalages de fruits disposés « à intervalles réguliers », et d'un gramophone ayant servi chez les riches comme chez les pauvres, de manière à suggérer que même les différences sociales sont annulées. Cette monotonie quasi militaire signifie que la ville n'offre qu'une existence morne et automatisée, enfermée dans une logique répétitive, annulant toute la variété qui fait l'essence même de la vie.

Répétition et uniformité forment ainsi une véritable métaphore de l'univers carcéral. Le mouvement de K. est symptomatique : il « s'enfon[ce] lentement dans la rue » (p. 71). La rue engloutit K. comme un marais ou des sables mouvants. Plus loin, c'est l'atelier de Titorelli, avec son lit « très mal placé devant la porte » (p. 197) gênant les allées et venues, qui est assimilable à une cellule. Les lieux sont fermés et inquiétants, comme des prisons.

Mais le détail architectural sur lequel Kafka insiste le plus, ce sont les fenêtres. La population de la ville n'occupe pratiquement pas les rues, on ne la voit pas vraiment. Par exemple, la place de la cathédrale est « complètement vide » (p. 252). En revanche on aperçoit cette population, on l'entrevoit, on la devine, à travers les fenêtres. Ce motif traverse le roman, depuis la vieille femme habitant en face de chez K. et l'observant de sa fenêtre (p. 23) jusqu'à l'inconnu penché à sa fenêtre peu avant l'exécution (p. 279), en passant par les habitants du quartier du tribunal (p. 71). Le contraste entre la présence permanente de la population à ses fenêtres et sa quasi-absence dans les rues donne l'impression que la ville est une gigantesque prison, dont les détenus ne peuvent avoir un rapport au monde qu'à travers les barreaux d'une cellule.

Chez Welles, en dépit d'une apparente diversification des sites[1], l'espace est également assimilable à une grande prison. Dès le début, dans le prologue, les écrans d'épingles d'Alexeieff présentent un espace de type carcéral : forteresse aux murs épais, succession de portails, garde rappelant un gardien de prison... La tenue de l'homme en attente, son immobilisme et sa décrépitude lui confèrent l'apparence traditionnelle d'un prisonnier. Ensuite, dans la première séquence du film, la chambre entretient avec la prison d'étroites relations : neutralité de la décoration, fermeture des portes et des fenêtres... l'enfermement est d'ailleurs suggéré par le mouvement circulaire de K. Ensuite, lorsqu'il se précipite dans la chambre de Mlle Bürstner, se souvenant de la présence de ses collègues en ces lieux, le *travelling* arrière permet de voir à l'écran une succession de cadres (les portes franchies par K.) se refermant sur lui.

---

[1]. Chez Welles, K. n'évolue pas seulement dans les lieux présentés par le roman, il se retrouve aussi, par exemple, à l'opéra. Mais cette diversité n'est qu'apparente, Welles ayant réduit presque tous les lieux de tournage à un seul lieu, la gare d'Orsay, à Paris. La concentration du tournage permet de traduire l'homogénéité et la limitation de l'univers spatial du *Procès*.

Dans la séquence 6, l'étroitesse du cabinet dans lequel sont fouettés les gardiens connote aussi un espace carcéral. Enfin, dans la séquence 10, l'atelier de Titorelli est très clairement assimilable à une prison. Si Welles reprend la petitesse signalée dans le texte de Kafka par Titorelli (« tout est trop petit ici », p. 197), il en suggère aussi la dimension carcérale : pièce étroite comparable à une cellule de prison, parois de planches assimilables à des barreaux, tout comme les rayures verticales de la chemise de Titorelli. Ce lieu, qu'il est difficile de quitter, symbolise l'impasse dans laquelle se trouve K.

Un espace policier

Un autre élément concourt à faire de l'espace urbain une prison : le fait d'être occupé en permanence par des gens de justice. C'est en particulier le cas des espaces considérés par K. comme des lieux de sécurité, comme la pension et, surtout, la banque, où K. éprouve un sentiment de supériorité : K. déclare à sa logeuse qu'il éprouverait « un véritable plaisir » si « pareille histoire » (son arrestation) devait se dérouler à son travail, où il dispose d'un « boy », de deux téléphones et, surtout, de toute sa « présence d'esprit » (p. 45). Or non seulement les policiers s'introduisent dans la pension, mais Mme Grubach espionne, en quelque sorte, ses pensionnaires, et la banque elle-même est surveillée par la justice : Erna indique dans sa lettre qu'un « monsieur » est venu interroger K. sur son lieu de travail.

Par métonymie, c'est la justice, mais aussi la faute de K., qui vient parasiter l'espace le plus familier et sécurisant. Dès lors, l'espace devient profondément suspect.

UN ESPACE ÉTRANGE

L'angoisse et le sentiment d'enfermement du protagoniste sont surtout exprimés par l'étrangeté de l'espace, dont les lois tendent à se démarquer de celles qui gouvernent le monde réel.

L'inadéquation de l'individu à l'espace

Les personnages entretiennent des relations problématiques avec l'espace, comme s'il y avait une impossible adéquation entre le lieu et celui qui l'occupe. Parfois, le conflit entre le personnage et son espace est seulement esquissé : K., dans son bureau, veut rédiger une requête mais il en est empêché par la porte qui s'ouvre subitement (p. 165). Toutefois ce conflit peut être très manifeste : K. est obligé d'enjamber le lit du peintre, il doit mettre « le pied au beau milieu de l'édredon » (p. 206) pour sortir (« Le lit est évidemment très mal placé devant la porte. Toutes les fois que vient le juge dont je fais le portrait en ce moment, il se heurte contre ce lit », p. 197). Les lieux les plus ordinaires comportent ainsi des obstacles qui empêchent les actions de s'effectuer correctement. Comme si les personnages étaient étrangers à ce monde, dans lequel ils ne sont pas autre chose que des prisonniers.

Welles accentue ces relations problématiques par la mise en scène d'univers dérangés et difficilement accessibles. Dans la pièce où se retrouvent Leni et K. (séquence 7), des feuilles volantes et des dossiers parsèment le sol. Le plan de demi-ensemble sur Leni et K. au milieu d'un amas de papiers, la plongée sur le sol jonché de dossiers, et le *travelling* avant sur le couple qui s'enfonce dans ce matelas de paperasse suggèrent moins le dérangement de la pièce que sa profonde inadéquation à ce que les personnages entreprennent d'y faire. Le jeu du comédien, qui enjambe des dossiers et manque de tomber, souligne également combien l'espace s'érige en obstacle. La mise en scène de Welles apporte beaucoup de relief à ce qui n'est souvent que simplement suggéré chez Kafka : dans le film, l'espace est plus qu'un obstacle, il est un ennemi.

Une esthétique de la continuité

Chez Kafka, les lieux semblent se succéder et s'emboîter de proche en proche, à l'infini. Le quartier du tribunal est constitué de séries de maisons uniformes. À l'intérieur d'une maison kafkaïenne, une porte débouche toujours sur un couloir, sur une autre porte, etc. Le tribunal, avec son « long couloir où des portes grossières s'ouvraient sur les diverses sections du grenier » (p. 103), ou la demeure de l'avocat, pleine de couloirs et de corridors par lesquels apparaissent puis disparaissent toutes sortes de personnages (pp. 133, 210...), relèvent de cette esthétique étrange du continu.

Il faut noter que la continuité n'affecte pas uniquement les lieux. Elle fonctionne à tous les niveaux du *Procès*. On peut constater par exemple la récurrence du motif de l'image : photographies de Mlle Bürstner, d'Elsa, peintures de Titorelli... Non seulement le motif est récurrent mais, étant axé lui-même sur le principe de reproduction (la photographie reproduit un visage à l'infini, les toiles de Titorelli représentent toutes le même paysage), il redouble, met en abîme, ce principe. On peut constater également que la continuité est suggérée par la solution de « l'atermoiement illimité », par le fait que presque tous les personnages (l'avocat, l'huissier, l'étudiant, Titorelli...) appartiennent à l'univers de la justice qu'ils ne font que reproduire chacun à leur façon, et même par l'esthétique du roman lui-même, récit au sens propre interminable : « Comme le procès, d'après ce que disait Kafka, ne devait jamais réussir à parvenir à la suprême instance, le roman se trouvait lui aussi inachevable en un certain sens ; il pouvait se prolonger à l'infini », déclare Max Brod. Les images de réduplication, de reproduction, de répétition, d'uniformité disent toutes l'idée d'infini, celle-ci fonctionnant comme une métaphore de l'enfermement.

Si l'impression d'enfermement est à ce point généralisée dans le roman, c'est parce qu'elle est non seulement dite et décrite explicitement par des images spatiales, mais également suggérée par un rythme : le rythme de la continuité répétitive se substitue à la description de l'espace.

Le phénomène de contiguïté

Toutefois la vraie particularité de l'espace kafkaïen est dans les natures respectives de ces lieux successifs : quoique spatialement accolés ils sont logiquement éloignés, à la fois contigus et incongrus. K. ouvre la porte d'un cagibi de la banque et pénètre dans une chambre de torture ; la chambre de Titorelli, bien que située « dans un faubourg diamétralement opposé à celui du tribunal » (p. 179), s'ouvre sur des locaux de ce tribunal... Cette contiguïté incongrue est susceptible de prendre de nombreuses formes : par exemple, avec le client que K. attend à la cathédrale, c'est un représentant du lieu des affaires qui s'insinue dans celui des prières. En déplaçant ainsi une réalité normale dans une autre réalité tout aussi normale mais inadaptée à la précédente, Kafka crée des dimensions étranges, des espaces singuliers constitués par la juxtaposition d'éléments hétérogènes.

Ce phénomène de contiguïté incongrue participe de l'inquiétante étrangeté (→ PROBLÉMATIQUE 8, p. 110). Il met en place un gigantesque espace labyrinthique, où le fait d'ouvrir une porte, de passer d'un corridor à un autre, est toujours un acte incertain, susceptible d'ouvrir sur un lieu inattendu, où quelque chose d'autre nous attend.

En fin de compte, l'espace, à la fois clos et infini, est à l'image de la situation paradoxale de K., arrêté mais aussi libre de mener son existence ordinaire. Surtout, il tend à être la représentation métaphorique de l'enfermement intérieur du personnage, progressivement replié sur son angoisse face à un espace hostile, carcéral, si différent des représentations normatives qu'il ne peut s'y sentir qu'étranger et en exil.

7 | Le temps

Dès lors qu'il est accusé, K. voit son avenir entièrement centré sur son jugement. Le temps, qui le conduit inexorablement vers son exécution, est donc facteur d'angoisse. Dans *Le Procès*, ce temps est double : à la fois repérage précis et attente. Par ailleurs, le film de Welles repose sur une autre forme de temporalité : le temps de la mémoire.

LES DEUX TEMPORALITÉS DU *PROCÈS*

Le temps du *Procès* repose sur deux caractéristiques opposées mais complémentaires : une précision quantitative, faite de repérages précis et ponctuels ; un étalement, qui se manifeste par la durée et l'attente.

Des repères temporels précis

Le roman, contrairement au film, est construit sur des repérages temporels précis. Peu nombreux, leur présence n'est jamais gratuite. La précision du temps a en général deux fonctions. D'abord, offrir à K. des critères de normalité auxquels se raccrocher. Par exemple, au début du roman, si la situation est anormale c'est parce que Mme Grubach n'est pas là « à huit heures » pour apporter le déjeuner (p. 23). K. essaie de donner une forme de normalité à son étrange convocation en se rendant au tribunal « à neuf heures » (p. 70), heure à laquelle la justice fonctionne d'habitude.

Seconde fonction des indices de temporalité : renforcer une thématique. L'heure tardive à laquelle rentre Mlle Bürstner –

« onze heures et demie » (p. 49) – confirme les soupçons de Mme Grubach (p. 47), jette une lumière ambiguë sur ce personnage, et illustre le thème de la duplicité des personnages féminins (→ PROBLÉMATIQUE 4, p. 76). K. est convoqué pour son premier interrogatoire un dimanche (p. 68), jour de repos. Cette indication temporelle souligne l'anormalité du tribunal ; elle rend également possible une interprétation religieuse : K. se rendrait-il devant le tribunal de Dieu ? (→ PROBLÉMATIQUE 6, p. 93).

Par leur fonction de repérage temporel précis, et par leur rôle actif dans la thématique du roman, ces indices de temporalité constituent des seuils de normalité et de signification objective. Leur mélange à des éléments d'étrangeté confère au récit son caractère surréel et onirique.

L'attente

Le temps dans *Le Procès* prend une autre forme importante : celle du déroulement, de l'étalement. C'est elle qui permet de définir l'essence de la condition d'accusé. Une procédure est en effet un déroulement temporel : « La sentence ne vient pas d'un seul coup, la procédure y aboutit *petit à petit*[1] » (p. 261). L'accusé doit donc attendre cet aboutissement, ce qui permet de définir *Le Procès*, d'une certaine façon, comme un roman de l'attente.

De fait, l'attente est une caractéristique majeure du personnage, toujours à attendre quelque chose : son jugement, une explication, de l'aide... Dans les chapitres I et II, K. ne cesse de guetter Mlle Bürstner : « Je vous attends déjà depuis deux heures » (p. 50), « il lui disait [...] qu'il attendrait chez lui tout le dimanche suivant un signe d'elle » (p. 59). Cette attente est l'une des principales causes de l'angoisse du protagoniste : son avenir étant plein d'incertitudes, le temps pèse sur lui.

---

[1]. C'est nous qui soulignons.

TEMPS ET CULPABILITÉ

L'attente fait de K. un prisonnier, une victime du temps. On peut alors se demander si ce dernier ne constitue pas une forme de châtiment.

Le temps, un châtiment ?

Le rôle du temps dans *Le Procès* peut, dans une certaine mesure, recevoir une explication théologique. La temporalité est en effet, dans la religion judéo-chrétienne, une conséquence de la faute originelle : avant la chute, l'homme, fait à l'image de Dieu, vivait dans un hors-temps édénique. De plus, dans la Bible, le temps de la chute est associé au travail : une fois chassé du paradis, l'homme doit trouver sa subsistance à la sueur de son front (voir Genèse, III, 22-23). Or tout le début du chapitre IX, « À la cathédrale », montre K. écrasé par l'attente et l'angoisse insupportable du temps du travail : « énormes soucis » que lui cause « toute heure passée hors du bureau » (p. 246), peur « d'être en retard » à un rendez-vous d'affaire (p. 252), etc. Les indications d'heures abondent : K. devait « se trouver à la cathédrale deux heures plus tard, à dix heures environ » (p. 250), « K. était ponctuel, dix heures sonnaient [...] » (p. 253). Dans ce chapitre, juste avant de prendre connaissance de la parabole de la Loi, le temps se densifie au point d'écraser le protagoniste, prenant ainsi la forme d'un châtiment.

Le délai infini

L'homme de la Légende subit devant les portes de la Loi de « longues années d'attente » (p. 264). Le temps du *Procès* relève en effet de l'idée, obsessionnelle chez Kafka (voir *La Muraille de Chine*), de l'infini. Cette idée conditionne l'esthétique même du roman, forme « ouverte » et sans fin, susceptible d'offrir au protagoniste les mêmes auxiliaires à l'infini (➔ PROBLÉMATIQUE 5, p. 87). L'attente de l'accusé est donc vaine, car vouée à l'inachèvement : « J'ai vu, dit K., ces messieurs faire antichambre là-bas, et leur attente m'a paru si inutile ! » (p. 220). Pensons à la solution de l'« atermoiement illimité », qui « maintient indéfiniment le procès dans sa première phase » (p. 202) ou encore au destin de Block, victime d'un procès éternel (p. 221). C'est sur cette idée d'infini que Kafka construit des situations intolérables. Celle de K., accusé dans l'attente de son jugement, en est un exemple.

Le film de Welles exploite beaucoup le thème de l'attente infinie. La séquence 5 montre une foule d'accusés figés dans l'éternité de leur jugement. Les différents angles de prises de vue (frontale, plongée, contre-plongée) insistent sur cette attente, de même que le contraste entre le mouvement de K. (suivi de façon très dynamique par le *travelling* latéral) et l'immobilité de la foule. Séquence 8, au tribunal, au milieu d'une file d'attente, on voit derrière K. une perspective oblique se perdre dans un point lumineux indistinct, métaphore de l'infini. Ces deux séquences comportent en outre des effets purement quantitatifs (foules, visages…), enrichis par des variations de plans, qui symbolisent le poids du temps. L'entassement des ans décrit par Bloch semble constituer, bien avant l'arrêt de la sentence, le véritable châtiment des accusés.

TEMPS ET ESPACE

Le temps dans *Le Procès* devient si pesant qu'il finit par sembler aussi concret que l'espace. De fait, l'univers kafkaïen établit des analogies entre ces deux dimensions.

L'inadaptation de K. au temps

De même qu'il se raccroche à l'espace alors qu'il s'avère inadapté à celui-ci (→ PROBLÉMATIQUE 6, p. 93), K. a en permanence recours aux repères du temps tout en étant, paradoxalement, en décalage avec ce dernier : il est en retard d'« une heure et cinq minutes » à son premier interrogatoire (p. 76), il « risquait presque maintenant d'être en retard » à la cathédrale (p. 252).

Cette inadaptation est accentuée par Welles. Au retour de Mlle Bürstner, K. hésite entre « bonsoir » et « bonjour ». Dans la scène avec Miss Pittl, il est inquiet à l'idée d'arriver en retard au théâtre (« Nom de Dieu, il est tard, je n'aurai jamais le temps de me changer pour aller au théâtre »). Au tribunal, le reproche du magistrat concernant son retard est mis en évidence par le silence total de l'assemblée. Dans la cathédrale, K. craint d'être en retard au bureau (« Je vais être en retard. Il faut que j'aille à mon bureau »). Welles cherchant à faire ressentir au spectateur le malaise d'un cauchemar (→ PROBLÉMATIQUE 2, p. 58), cette inadaptation, courante dans les rêves d'angoisse, est chez lui un important indice d'onirisme.

Un repère temporel : « La Légende de la Loi »

Welles semble avoir bien compris l'analogie entre le temps et l'espace dans *Le Procès*, car il crée une forme de temporalité qui, tout en étant spécifique à son film, retrouve les lois de l'univers kafkaïen. Certains moments du film sont en effet des citations de la Légende de la Loi. Par exemple, lorsque K. sort du théâtre pour rejoindre la salle d'audience, il longe un mur semblable à celui de l'écran d'épingles. Welles fait ainsi appel à la mémoire du spectateur, l'obligeant à effectuer des retours sur la parabole censée éclairer l'histoire de K. Ce temps mémoriel est d'autant plus efficacement mis en valeur qu'il est souligné par la bande son. Le thème de l'*Adagio* d'Albinoni[1] est en effet le leitmotiv du *Procès*. Or il accompagne le récit de la Légende.

Autrement dit, à l'inverse du roman, tourné vers l'attente d'un jugement à venir, le film nous renvoie en permanence à un récit passé. Mais il n'en illustre pas moins l'univers kafkaïen. Car, par ces rappels sonores et visuels de la Légende, véritables « boucles » temporelles où le déroulement du film prend sans

---

[1]. *Adagio en sol mineur* : œuvre célèbre du musicien italien Tomaso Albinoni (v. 1671-v. 1760)

cesse appui sur le passé, c'est bien le temps infini du *Procès* qui est suggéré. Surtout, « la réussite de Welles, c'est d'avoir su montrer comment des régions [...] chronologiquement distinctes communiquaient entre elles, au fond d'un temps illimité qui les rendait contiguës[1]. » Le temps, chez Welles, repose donc sur le même principe de contiguïté incongru que l'espace chez Kafka (→ PROBLÉMATIQUE 6, p. 93). Il est ainsi créateur d'angoisse et d'étrangeté.

---

[1]. G. Deleuze, *L'Image-Temps*, Minuit, 1985, p. 150.

8 L'onirisme

À la parution du roman, les critiques ont employé l'adjectif *traumhaft*, « onirique », pour qualifier l'univers du *Procès*. Outre *Devant la Loi* (paru en 1915), le seul passage du roman publié du vivant de Kafka est *Un rêve* (cauchemar de K. publié dans *Un médecin de campagne*)[1]. Ce choix marque l'intérêt porté au rêve par l'écrivain. De nombreux éléments du roman sont effectivement oniriques. Mais l'onirisme wellesien est sans doute plus explicite, davantage marqué par la logique du cauchemar.

LES INDICES D'ONIRISME

Kafka ne signale pas que son personnage rêve, il ne fait que le suggérer. Par exemple, l'arrestation a lieu le matin. K. est encore dans son lit, il observe son univers quotidien « du fond de son oreiller » (p. 23). Mais à aucun moment il n'est dit qu'il est réveillé. De même, chez Welles, le visage de K. apparaît pour la première fois en gros plan dans un fondu-enchaîné flou, endormi. Le personnage rêve-t-il ? Face à de telles ambiguïtés, l'onirisme, dans les deux œuvres, ne peut tenir qu'à de simples indices.

Des comportements trop spontanés

Les réactions étranges des personnages évoquent le monde du rêve. Par exemple, la gardienne du tribunal donne spontanément à K. l'ordre d'entrer, sans lui demander qui il est (pp. 74-75). Cette spontanéité se retrouve dans la scène de séduction avec Leni : les

---
[1]. Ce chapitre figure dans les éditions actuelles parmi les chapitres dits « inachevés»

110 PROBLÉMATIQUES ESSENTIELLES

deux personnages se sont à peine rencontrés qu'ils sont déjà amants (pp. 142-143). De fait, dans les rêves, les relations entre personnages sont plus directes, plus immédiates, que dans la vie réelle. Dans son film, Welles renforce cet onirisme en ajoutant des réactions de spontanéité absentes du texte. Par exemple, la rencontre avec Titorelli est immédiate, alors que, dans le roman, elle est conforme aux usages mondains de la vie normale : le peintre « se présenta en disant : Titorelli, artiste peintre » (p. 182).

De curieuses apparitions

Certaines apparitions, comme celle des employés chez K., sont si surprenantes qu'elles relèvent de la logique du rêve. Kafka a une façon particulière de créer ces effets d'onirisme : ses personnages présentent comme normales ces situations, pourtant anormales. Ainsi, le brigadier expose les raisons de la présence des employés chez K. mais son explication ne tient pas debout « pour vous faciliter votre rentrée, pour qu'elle passe aussi inaperçue que possible, j'avais amené ces trois messieurs » (p. 39). Mais il va de soi que quatre personnes passent moins inaperçues qu'une ! de plus, avec ces trois témoins, l'arrestation de K. ne peut rester confidentielle.

Welles, quant à lui, ne propose aucune explication. Le premier contre-champ, qui rompt avec le long plan séquence au début du film, sert à présenter les trois employés. L'incongruité de leur présence dans l'appartement surprend par la rupture brutale du plan séquence, suivie plus tard d'un gros plan sur leurs visages inquiétants. Welles ajoute en outre des apparitions étranges, comme la présence de l'avocat dans la cathédrale ou celle de la foule des accusés dans le terrain vague. Contrairement à l'univers de Kafka, où les personnages commentent ces apparitions, chez Welles on fait comme si elles allaient de soi.

Des détails oniriques

Dans le roman comme dans le film, certains détails créent une atmosphère de rêve. Par exemple, outre la spontanéité de leurs comportements, la gardienne et Leni ont un autre point commun : la gardienne est « une jeune femme aux yeux noirs » (p. 74), Leni a des « yeux noirs […] un peu saillants » (p. 134). Ce détail récurrent peut être interprété comme la marque d'un fantasme lié à la femme, donc susceptible de figurer en bonne place dans le monde du rêve. D'autre part, on remarque dans le film la présence d'objets curieux, surréalistes : l'oncle présente un « computateur », sorte de machine électronique qui peut renseigner K. sur les raisons de son procès.

Le déroulement d'un rêve

En principe, dans un récit traditionnel, les péripéties s'enchaînent logiquement (l'enchaînement peut être temporel, causal…). Chez Kafka, la manière de relier les événements est onirique, car ils se suivent de façon irrationnelle : chaque chapitre semble indépendant, clos sur lui-même (→ PROBLÉMATIQUE 5, p. 87).

De même, dans le film, les lieux se succèdent sans logique : la salle de spectacle donne sur des couloirs qui conduisent à des ruines… La temporalité y est en outre aussi impalpable que dans le rêve. Pour Freud, les événements d'un cauchemar sont décomposés, ils tendent à se figer dans des phases intermédiaires. Or K. conserve toujours le même costume. Ce détail donne l'impression que ses aventures sont en suspens (dans le roman, elles se déroulent sur une année). Enfin, comme dans un rêve, les centres d'intérêt changent soudainement sans que le spectateur en comprenne vraiment la raison. Au début du film, K. s'intéresse aux policiers puis les ignore pour aller prendre son petit-déjeuner. Chez l'avocat, son attention se porte d'abord sur l'avocat puis sur le greffier puis sur Leni…

ENTRE RÊVE ET RÉALITÉ

Si l'univers kafkaïen puise dans le rêve certains de ses modèles structurels et thématiques, d'autres éléments le relient malgré tout au monde réel. Cette étroite imbrication du réel et du rêve crée dans certains cas le sentiment d'« inquiétante étrangeté » défini par Freud[1].

Le style neutre de Kafka

Les récits de Kafka sont des « récits de rêves déguisés en récits d'événements réels[2] ». Alors que d'autres écrivains recherchent un style adapté à la transposition du rêve, celui de Kafka est clair, correct, logique. Il n'y a pas chez lui de rupture syntaxique, de procédés linguistiques ou rhétoriques propres à signifier le monde du rêve, comme chez les surréalistes. Par exemple, dans *Les Champs magnétiques* (1920), André Breton et Philippe Soupault ne soumettent plus le langage à la raison et créent des images neuves pour signifier une réalité autre. Kafka, au contraire, décrit un univers extraordinaire dans un langage ordinaire, il raconte des événements irréels comme s'ils étaient réels. Par exemple, devant le brigadier dont le comportement frôle l'absurde : « Il lui sembla [...] que ce policier l'approuvait. Mais il était fort possible aussi que le brigadier n'eût pas entendu, car il avait posé sa main à plat sur la table et semblait comparer les longueurs de ses doigts » (p. 38). Le verbe « sembler » et l'adjectif « possible » indiquent que la scène est étrange, mais tout est fait pour qu'elle paraisse normale : la description est précise et rationnellement ordonnée, le protagoniste ne donne aucun signe de surprise ou d'inquiétude.

---

1. S. Freud, *L'Inquiétante Étrangeté et autres essais*, Gallimard, coll. « Folio/Essais ».
2. P. Pachet, *Nuits étroitement surveillées*, Paris, Gallimard, 1980, p. 193.

L'inquiétante étrangeté

Kafka a supprimé un passage qui, dans la version primitive, expliquait la nature onirique du *Procès*. Dans ce passage K. rêve de la délivrance apportée par le peintre et s'aperçoit qu'il est le seul à être poursuivi par le tribunal, qu'il n'y a pas d'autre accusé. L'élimination de ce chapitre prive le lecteur d'une clé indispensable à la compréhension de certaines situations. Celles-ci sont dès lors maintenues dans une ambiguïté typique de l'inquiétante étrangeté.

On parle d'« inquiétante étrangeté » lorsqu'une situation normale est parasitée par quelques éléments d'anormalité, souvent de simples détails. Le réel glisse alors doucement, mais pas complètement, dans l'irréel. Par exemple, lorsque K. et son oncle frappent à la porte de l'avocat, les yeux de Leni apparaissent par le judas. La situation est normale, mais les yeux semblent personnifiés, dotés d'une existence autonome : « Deux grands yeux noirs vinrent se montrer [...] puis disparurent [...] L'oncle et K. se confirmèrent réciproquement le fait qu'ils avaient vu les yeux [...] Les deux yeux apparurent encore, ils avaient presque l'air triste » (p. 133). Au sein d'une situation banale, un détail perçu d'une manière inhabituelle introduit une touche d'irréalité, voire de fantastique. L'onirisme kafkaïen repose en grande partie sur ce principe.

LE CAUCHEMAR CHEZ WELLES

Welles accorde une grande importance à la dimension cauchemardesque du roman (→ PROBLÉMATIQUE 2, p. 58). Si *Le Procès* de Kafka raconte un rêve, dans le film c'est bien une logique cauchemardesque qui domine.

Le film, traduction du cauchemar de K.

À la fin de la Légende de la Loi, la voix *off* déclare : « On pourrait dire que la logique de cette histoire est la logique d'un rêve...

ou d'un cauchemar ». Le mot « cauchemar » et le fondu-enchaîné flou sur le visage de K. sont synchronisés. Pendant l'entrée du policier, la musique du fondu-enchaîné se poursuit, suggérant que cette entrée appartient au cauchemar. À l'inverse de chez Kafka, la porte s'ouvre sans que le policier ait pris la peine de frapper : Welles ôte ainsi à cette entrée toute normalité pour en accentuer le caractère onirique et angoissant. Tout est fait pour laisser penser que, si K. est en train de rêver, ce rêve est un cauchemar.

Les procédés wellesiens du cauchemar

Par opposition au style neutre de Kafka, le style de Welles vise à faire participer le spectateur au cauchemar en le plaçant dans un état précis : « Le film est censé incarner une angoisse, c'est une sorte de rêve qui te fait te réveiller en sursaut. C'est une expérience[1]. » Pour faire vivre au spectateur cette « expérience » :
– Welles utilise le décadrage. Les personnages sont rarement au centre du plan. C'est le cas lors du premier dialogue avec l'avocat (séquence 7).
– Il multiplie les longs *travellings*, qui traduisent l'instabilité. Ils sont récurrents dans la première séquence.
– Il utilise des angles de prise de vue comme la plongée et la contre-plongée, qui écrasent ou allongent les silhouettes des personnages. La contre-plongée sert notamment à filmer K. lors de son premier interrogatoire (séquence 5).
– Il opère un travail sur la lumière. Parfois, la lumière est diffuse (séquence 1). Mais à d'autres moments, par exemple dans la séquence 10, les contrastes sont violents, très marqués, comme dans les films expressionnistes.
– Il utilise un grand angulaire de focale 18,5 (objectif qui allonge les perspectives, accentue la profondeur et déforme l'espace). Cet effet est visible dès la première séquence, dans la chambre de K.
– Il ne respecte pas systématiquement le vococentrisme, conven-

---

[1]. O. Welles et P. Bogdanovitch, *Moi, Orson Welles*, Belfond, Paris, 1993, p. 300.

tion à laquelle le spectateur est habitué et qui aide à centrer l'attention sur la source sonore. Lors de l'échange avec Miss Pittl, séquence 3, la diminution du volume sonore met mal à l'aise le spectateur, qui ne parvient pas à entendre les personnages, et perçoit davantage les sons d'une cloche dont il recherche la source.

Dans cette séquence 3, Welles exploite la *perspective sonore* qu'il a expérimentée quand il travaillait pour la radio (➔ PROBLÉMATIQUE 2, p. 58) :

– Il sature la bande son. Au cinéma, il existe trois matières sonores : les bruits, les paroles et la musique. Dans la séquence 10, ces matières sont mélangées, la musique et les rires des fillettes s'associent aux paroles du peintre dans une cacophonie cauchemardesque.

– Il ne relie pas les plans de manière réaliste. Le montage permet ainsi de traduire le cauchemar, la succession des plans ne coïncidant pas avec notre perception normale du monde. Dans la séquence 6, les plans présentent les gardiens et K. reflètent des angles de prise vue très différents : plongée très forte sur K. puis vision frontale des gardiens, de nouveau plongée sur K., etc. Il est impossible, en réalité, lorsque l'on est face au sujet (vision frontale) de se repositionner en un laps de temps si court par rapport au sujet que l'on visualise (vision en plongée).

On peut donc dire que, par ses éléments d'onirisme, d'étrangeté, mais aussi de réalisme, *Le Procès*, chez Welles comme chez Kafka, est plongé dans une atmosphère non pas irréelle, mais surréelle.

9 La faute

Le Procès de K. pose le problème de la faute : K. est-il coupable, et de quoi ? Si le texte ne fournit pas d'indications explicites sur cette culpabilité, il nous présente en revanche l'image d'une humanité corrompue.

LA CULPABILITE DE K.

Les charges à l'encontre de K. sont obscures. Son arrestation et son exécution paraissent gratuites. Nous ne saurons jamais de quoi est accusé K., mais le roman comporte de nombreux indices de sa culpabilité.

Les aveux indirects

K. semble en proie à un conflit intérieur, il donne l'impression de se savoir en faute. Nombre de ses propos apparaissent comme des aveux indirects de culpabilité. Par exemple, il se définit lui-même comme immoral en déclarant à Mme Grubach : « Si vous voulez tenir la pension propre, il vous faut commencer par me donner congé » (p. 48). Cet autre aveu indirect : « Je suis innocent ou tout au moins beaucoup moins coupable qu'on ne le pensait » rend Mlle Bürstner « soudain très attentive » (p. 52). Ainsi s'expliquerait le sentiment de « honte » qui s'empare de lui à la fin du roman, se laissant exécuter « comme un chien » (p. 280) dans un geste quasiment suicidaire.

Le film multiplie les indices d'une culpabilité de K. Apprenant son arrestation, il ne remet jamais en question la légitimité de l'intrusion des policiers. Mlle Bürstner, par ses réactions de défense, le rend suspect. Le directeur de la banque insinue l'existence de relations coupables entre K. et sa cousine. Son oncle lui reproche d'avoir laissé sa cousine Irmie « à la porte ». Les réactions de ces personnages sont des ajouts de Welles destinés à souligner la culpabilité du personnage. Mais cette culpabilité s'estompe progressivement. La fin du film montre au contraire le sursaut de K., animé d'un sentiment de révolte. Mais Welles ne suggère pas non plus son innocence. Comme nous l'avons vu, cette question l'intéresse peu (↝ PROBLÉMATIQUE 2, p. 58/ ↝ REPÈRES, P. 47).

Les ambivalences de K.

Nous avons constaté les clivages de la personnalité de K. (↝ PROBLÉMATIQUE 3, p. 68). Ils font apparaître, derrière l'employé innocent, un double négatif et coupable. Mimant son arrestation, en dépit des supplications de Mlle Bürstner (« Comme vous me tourmentez ! », p. 56), il adopte une seconde personnalité (« J'allais m'oublier », p. 55), comme si un second moi le poussait à la faute. Il se met à crier, « moins fort d'ailleurs qu'il n'avait menacé de le faire » (p. 55) : cette correction manifeste le retour du premier moi, celui de l'employé modèle qui se rend compte du caractère « blessant » (p. 57) de son acte, tout en l'accomplissant quand même. Il saisit Mlle Bürstner par le poignet « mais, parvenu devant la porte, il eut un recul comme s'il ne s'était pas attendu à la trouver là ; Mlle Bürstner profita de cet instant pour se libérer » (p. 57) : K. est écartelé entre un moi conscient de son acte violent, et un autre moi, surpris par les événements et libérant sa voisine. À la fin de l'épisode, après avoir embrassé celle-ci « comme un animal assoiffé », « il était satisfait [de sa conduite] mais s'étonnait de ne pas l'être davantage » (p. 58). Cette dissociation s'effectue aussi au contact de la femme de l'huissier, qui « le tentait vraiment » : « Machinalement K. fit un geste dans le vide pour chercher à saisir la main de la laveuse, mais elle était déjà partie » (p.95). K. est donc tiraillé entre un être de réflexion, défenseur des valeurs morales, et un être de sensation, dont les pulsions sont celles d'un « animal assoiffé ».

La femme, à l'origine de la faute ?

Ces dissociations ont toujours lieu en présence des femmes. L'une d'elles semble mettre en cause K. : Mlle Bürstner. Devant son oncle, il évoque d'une façon étrange l'implication de Mlle Bürstner dans son procès : « Il ne mentionna qu'une seule fois, et de façon superficielle, le nom de Mlle Bürstner ; mais cela n'entamait pas sa loyauté puisque la jeune fille n'avait rien à voir avec le procès » (p. 133). Si la jeune femme est réellement en-dehors du procès, pourquoi y faire allusion ici ? Puis il songe que « ses relations avec Mlle Bürstner semblaient être restées en suspens en même temps que son litige » (p. 163), mettant directement en relation la jeune femme et le procès. Enfin, avant son exécution, K. croit voir Mlle Bürstner. Cette vision met un terme à ses résistances (p. 276). Mlle Bürstner est l'élément déclencheur, qui précipite K. vers le châtiment.

Chez Welles, dans la première séquence, l'inspecteur laisse supposer qu'il est ici en raison de relations illicites entre K. et Mlle Bürstner. Le lapsus de K. concernant le phonographe (« pornographe ») peut être interprété comme un symptôme de perversité. En outre, avec les soupçons d'inceste émis par le directeur adjoint de la banque, non seulement Welles élargit la faute de K. à d'autres femmes, mais cette faute gagne en ampleur, car K. briserait ainsi l'un des interdits les plus forts de notre société.

La faute de K. semble donc liée à la femme. On peut y voir une allusion biographique : K. serait un double expiatoire de Kafka vis-à-vis de Felice incarnée par Mlle Bürstner (→ PROBLÉMATIQUE 1, p. 50). Ainsi s'expliquerait le fait que l'un des « livres de loi » des « gens par qui [K.] doit être jugé » soit « un roman intitulé *Tourments que Marguerite eut à souffrir de son mari* » (pp. 90-91). La femme est également une figure de la culpabilité dans la mesure où Kafka s'avère incapable de créer avec celle-ci une famille (→ PROBLÉMATIQUE 3, p. 68). À son oncle qui lui reproche son isolement, K. répond : « je sais très bien que je dois des comptes à la famille » (p. 128). Mais on peut aussi voir dans le rôle de la femme une réminiscence du péché d'Adam : dès le début, K. s'empare d'une « belle pomme » après s'être jeté sur son lit (p. 31). La pomme serait une allusion à la tentation d'Ève, le lit une métonymie de la sexualité, et le fait de se « jeter » dessus — geste d'abandon du corps — une allusion aux pulsions auxquelles K. cède parfois. Cela créerait un effet de boucle avec le chapitre final de la cathédrale, qui peut comporter des allusions à la Genèse (→ PROBLÉMATIQUE 7, p. 104).

K. INNOCENT ?

Mais les explications théologiques, comme toutes les autres, n'épuisent pas le sens du roman. Elles ne sont que de simples allusions destinées à enrichir (ou obscurcir) la signification générale du *Procès*. Si Kafka supprime des passages explicites sur la culpabilité de son personnage (→ PROBLÉMATIQUE 3, p. 68), c'est bien qu'il préfère laisser le sens ouvert. De fait, de nombreux indices montrent l'innocence de K.

Une justice malhonnête

K. proclame sans cesse son innocence, aucune preuve de sa culpabilité n'est fournie. En revanche, la malhonnêteté de ses accusateurs est patente. Il ne s'agit que d'un « prétendu tribunal » (p. 83) se livrant à « un sabotage de la justice » (p. 78), une « grande organisation » (p. 84) aux multiples ramifications, montée par des « clans » (p. 86), servie par des « inspecteurs vénaux », dont le but est « de faire arrêter des innocents et de leur intenter des procès sans raison » (p. 84). K. serait donc poursuivi par un tribunal illégal, ou semi-légal, un tribunal « des greniers », indépendant de la justice « ordinaire » (p. 129). Rien d'étonnant alors que les policiers venus l'arrêter ne lui montrent aucun papier officiel, qu'ils tentent de lui subtiliser ses chemises (p. 26), qu'ils l'exécutent à l'écart de la ville, ou que les « sergents de ville », gardiens de la justice légale, trouvent ses bourreaux « suspects » (p. 277).

Dans le film, la corruption de la justice est soulignée par le jeu de certains comédiens. Les portraits de l'avocat, du peintre officiel du tribunal, de l'inspecteur ou des policiers sont noircis, leurs travers sont accentués. L'avocat est prétentieux, hautain et vicieux. Titorelli est pervers et vénal. Les gardiens sont malhonnêtes et agressifs... Comment expliquer l'acharnement de cette justice occulte sur K. ?

K. victime de la calomnie ?

Le narrateur lui-même suggère l'innocence du protagoniste. La première phrase du roman indique qu'« on avait sûrement calomnié Joseph K. car, sans avoir rien fait de mal, il fut arrêté un matin » (p. 23). De fait, ce calomniateur semble avoir une existence : K. est si apprécié par son directeur qu'il représente une menace pour la carrière du directeur adjoint, avec lequel la lutte est permanente (p. 171). On peut imaginer le directeur adjoint s'adressant à ces « clans » occultes pour éliminer son rival.

LA FAUTE DE L'HUMANITÉ

K. ne serait donc pas coupable mais victime d'une imposture judiciaire. La « puissante organisation » d'hommes de loi « vénaux » pourrait bien être la métaphore d'une société corrompue, dont bien des personnages du roman seraient les représentants.

Une humanité corrompue

De nombreux personnages, à l'inverse de K., sont sans ambiguïtés pervers et corrompus (→ PROBLÉMATIQUE 4, p. 76) : l'avocat, le peintre, les policiers, la plupart des femmes. Quant à Block, il est l'autre versant de cette humanité corrompue. Alors que l'avocat ou le peintre sont actifs, dominants, le négociant est passif, dominé. Incarnation de la veulerie, de la faiblesse, il apparaît tout autant marqué par la bassesse que ses bourreaux.

Une humanité « monstrueuse »

Chez Kafka, l'humanité est monstrueuse ou difforme, elle porte les marques physiques de sa corruption. Celles-ci obéissent à une gradation en trois degrés.

La boiterie constitue le premier degré de ces marques. L'étudiant en droit, Mlle Montag, l'huissier, le bedeau en sont affectés. Elle est le signe d'une maladie réelle : « c'était sans doute la goutte[1] qui rendait ces pas si brefs » (p. 106), mais aussi métaphorique. La justice, à l'image de ses représentants, est en effet un corps malade : « l'intérieur de cette justice était aussi répugnant que ses dehors » (pp. 107-108). Le second degré est la difformité, qui marque encore l'étudiant (« ce mal bâti ») mais aussi la petite bossue perverse chez Titorelli. De la difformité, Kafka passe enfin à l'animalité, avec la malformation physique de Leni (p. 147) que K. qualifie ironiquement de « jolie serre » de rapace. L'humanité est donc marquée par le monstrueux, l'inachevé, le non-humain, signe de sa perversité. K. ne cessera de la dénoncer, passant ainsi du statut d'accusé à celui d'accusateur.

Le motif de la tête penchée

Autre motif récurrent symbolique : la tête penchée. Ce motif dénonce l'inadaptation de l'homme (→ PROBLÉMATIQUE 6, p. 93), contraint de se pencher pour s'adapter à un espace trop étroit (par exemple l'abbé, « oppressé par le toit de sa chaire », p. 261). Mais cet inconfort spatial est surtout le symbole d'une humanité corrompue par l'avidité : l'avocat « se penchait très bas sur sa tasse pour verser le thé avec une sorte de convoitise » (p. 161).

---

[1]. *Goutte* : maladie inflammatoire des articulations.

C'est aussi le symbole d'une humanité soumise (« Il inclina la tête comme s'il avait reçu un ordre », p. 167), accablée par la faute : « Voilà donc où j'en suis, dit K. en laissant retomber la tête » (p. 261). C'est également la honte qui fait baisser la tête, lorsque K. s'apprête à donner un pot-de-vin au bourreau : « il vaut mieux traiter ce genre d'affaires les yeux baissés » (p. 119).

Ce motif obsède Kafka, on le retrouve dans ses dessins de silhouettes courbées (voir la couverture de l'édition du Livre de Poche, 2001. Omniprésent, il affecte presque tous les personnages. Cette posture de culpabilité frappe donc l'humanité dans son ensemble. Elle souligne que sa position, dans les lieux qu'elle tente vainement d'occuper, est inconfortable. Marquée par la faute, l'humanité ne peut trouver place dans le monde.

K. donne donc l'impression d'un être n'ayant commis aucune faute, tout en étant malgré tout en proie au sentiment de culpabilité. La biographie de Kafka ne peut constituer à elle seule la clé du roman, mais elle contient deux faits pouvant expliquer cette attitude : d'une part, la rupture avec Felice, d'autre part la déception du père (→ PROBLÉMATIQUE 1, p. 50). Dans les deux cas, Kafka n'aurait commis aucune faute objective, mais il n'en éprouverait pas moins un sentiment de culpabilité et de « honte » semblable à celui de K.

10 La théâtralité

Le Procès de Kafka a été fréquemment mis en scène. Cela s'explique par sa forte théâtralité, dimension largement exploitée par Welles, qui mêle au langage cinématographique le langage théâtral, enrichissant ainsi le sens du roman.

LA THÉÂTRALITÉ DU ROMAN

Kafka fréquente beaucoup le théâtre dans sa jeunesse. Il assiste aux représentations du Deutsches National Theater. Dans les années 1910, il rencontre Isak Löwy, auteur et acteur d'une troupe de théâtre populaire. Cette amitié va nourrir son œuvre.

Le « théâtre du monde », un thème important

Chez Kafka, le théâtre est également un thème, dans la mesure où les personnages semblent se mouvoir dans le monde comme sur une scène théâtrale.

K. attend le retour de Mlle Bürstner du théâtre (p. 46), il représente son arrestation comme un acteur et metteur en scène, plaçant les comédiens, distribuant les rôles (pp. 54-55), il songe envoyer à sa cousine des cartes de théâtre (p. 127), sa plaidoirie est théâtrale (chapitre 3), ses bourreaux sont comparés à de « vieux acteurs » (p. 274). Le théâtre sert de référent à un grand nombre de situations kafkaïennes. C'est que le théâtre représentant aux yeux de Kafka « la vie même », cette forme d'art a pour fonction de révéler le sens de la vie, la vérité de la condition humaine (→ PROBLÉMATIQUE 1, p. 50).

La gestuelle

Kafka portait une grande attention à l'art théâtral du geste, de la posture apparemment anodine mais porteuse de signification : dans son *Journal*, il note avec intérêt la manière dont une comédienne se tourne ou claque des doigts. Dans *Le Procès*, le motif de la tête penchée, par son côté très visuel et spectaculaire, semble directement issu de l'univers théâtral. De fait, il décrit la misère de la condition humaine dans toute sa vérité (➙ PROBLÉMATIQUE 9, p. 117). Souvent, cette gestuelle est caricaturale, faisant penser à des scènes de comédie, comme lors de l'interrogatoire : « Ah ! ah ! s'écria K. en levant les bras au ciel, car cette subite découverte avait besoin de quelque espace pour s'exprimer » (p. 86). Le commentaire ironique du narrateur accentue l'outrance du geste. Le registre comique du roman est donc souvent créé par référence au burlesque théâtral.

La parole

Le roman accorde une grande importance à la parole. Les rencontres avec les personnages donnent lieu à de longs dialogues intégralement reproduits : dialogue avec Mme Grubach (chapitre I), avec Mlle Montag (chapitre II), etc. Cette importance est un indice fort de théâtralité. De même, le film de Welles est considéré comme un film « bavard » à cause de l'abondance des dialogues. On peut dire du roman qu'il est « sonore » : Kafka indique toutes sortes de sons : cris, bruits... (en mimant son arrestation, K. « cria lentement », p. 55), qui rendent certains moments analogues à des scènes de ce théâtre populaire où Kafka voyait la vie représentée dans toute sa vérité et sa variété.

Le décor et l'accessoire

Dans le roman, objets et meubles sont assimilables, par leurs fonctions, à des accessoires de théâtre. Comme dans l'univers des *Chaises* de Ionesco, par exemple, les pièces sont pleines d'objets. Le salon de Mme Grubach est une pièce « encombrée de meubles, de dentelles, de porcelaines et de photographies » (p. 25). Le débarras près du bureau de K. est « tout encombré d'imprimés inutilisables et de vieux encriers en terre cuite [renversés sur le sol et vidés de leur contenu] » (p. 116).

L'objet, comme au théâtre, occupe une triple fonction. Il a d'abord une fonction informative, fournissant des indications sur le temps, le cadre, le milieu social. Dans le salon de Mme Grubach, les accessoires créent un décor conventionnel d'intérieur petit bourgeois, vieillot et modeste. L'objet a aussi une fonction spatiale : occupant l'espace d'une certaine manière, il le structure. Dans le débarras, il crée une impression de désordre, de confusion. Enfin, l'objet a une fonction symbolique : les imprimés « inutilisables » et les encriers « renversés » du bureau de K. sont des métonymies d'un ordre bureaucratique énigmatique et incohérent, voire d'une confusion mentale. De même, le registre couvert de « taches [...] jaunâtres » du juge, dont K. s'empare lors de son interrogatoire (p. 79), sert à la fois d'accessoire théâtral (K. suscite les applaudissements de la salle, comme un comédien) et d'objet symbolique (il symbolise une procédure erronée et injuste).

Le spectacle du procès

K. est souvent observé, comme s'il était l'acteur d'un spectacle. L'arrestation s'effectue sous le regard des voisins, « fameux spectateurs » (p. 37). Se rendant au tribunal un dimanche (jour de représentation théâtrale ?), des hommes et des femmes l'observent de leurs fenêtres comme des spectateurs assis aux balcons d'un théâtre populaire (p. 71). Lors du premier interrogatoire, l'assemblée est assimilée à un public de théâtre (bravos et applaudissements retentissent). Juste avant l'exécution, un homme apparaît à une fenêtre « lançant les bras en avant », geste faisant penser à un applaudissement à la fin d'une pièce de théâtre (p. 279). K. semble ainsi mis en scène, acteur de l'immense « comédie humaine » dont Kafka se propose de décrire l'essence.

LA THÉÂTRALITÉ
DANS LE FILM DE WELLES

Welles a une expérience théâtrale très riche (→ PROBLÉMATIQUE 2, p. 58). Metteur en scène, acteur, il exploite dans son film toutes les ressources du théâtre.

La théâtralisation de la justice

Comme chez Kafka, le théâtre apparaît de manière allusive pour dénoncer la justice. K. se rendant au théâtre avant d'être interrogé par les policiers, les deux moments sont liés. Cela suggère non seulement que cet interrogatoire est théâtral (« mais nous sommes à l'opéra », s'exclame K., placé sous une lampe comme un comédien éclairé par des projecteurs), mais que le processus judiciaire dans son ensemble est théâtral (l'accusé est face aux policiers comme un comédien face à un public). La théâtralité de la procédure est aussi créée par l'enchaînement des séquences. La musique de foire et le décor baroque de la séquence du théâtre contrastent très fortement avec le dénuement de la scène précédente, dans un terrain vague, à l'extérieur. Cette séquence marque donc l'esprit du spectateur. Welles va ensuite jouer sur la mémoire de cette scène dans la séquence suivante : pendant le premier interrogatoire de K., l'assemblée est aussi morne que le public du théâtre. Cette parenté permet de souligner le caractère théâtral du tribunal.

Le plateau : une scène de théâtre ?

L'utilisation du plan séquence est en relation étroite avec cette expérience théâtrale. Welles exploite ainsi les potentialités expressives des relations entre l'acteur et le décor. Dans la séquence 1, les nombreux déplacements dans l'espace étroit de la chambre sont accentués par la quasi-immobilité de la caméra. La constance du cadrage, et la contre-plongée permettant de voir le plafond, créent un effet de fermeture, de clôture, assimilant l'espace à une scène. Comme au théâtre, on assiste par ailleurs aux entrées et sorties de personnages au sein d'un espace unique, notamment dans les premières minutes du film. Cette ressemblance avec la scène de théâtre est poussée à l'extrême dans la séquence 3, où l'on n'entend même plus les propos des personnages qui s'éloignent. La caméra restant fixe, les personnages sont vus de loin, comme sur une scène.

Par ailleurs, certains objets ont une fonction théâtrale. C'est le cas de la malle traînée par l'amie de Mlle Bürstner et du cadeau tenu par K. Sur ce terrain vague analogue à une scène théâtrale, ces objets traînés, portés à bout de bras, tiraillés entre Miss Pittl et K. focalisent l'attention et finissent par acquérir le statut de personnages, comme au théâtre (pensons à l'épée avec laquelle Rodrigue dialogue dans *Le Cid* de Corneille). Le fait que cette séquence soit immédiatement suivie par celle de l'opéra est aussi une façon pour Welles d'en marquer la théâtralité.

L'architecture de la scène théâtrale

C'est surtout dans la constitution architecturale de certaines scènes, par la prise de vue et le cadrage, que Welles exploite ses connaissances en matière artistique et théâtrale. Il organise l'image de façon à imposer un point de vue au spectateur. Pour guider son regard, il utilise des balises visuelles comme la lumière, les lignes et la perspective : séquence 7, lorsque l'avocat présente l'huissier, le regard du spectateur est guidé vers le personnage par la lumière et la perspective.

L'intertextualité

Dans son film, Welles semble faire certaines allusions au *Dom Juan* de Molière (1655). Comme Don Juan, K. est séducteur mais perdant. La statue de la justice que l'on voit avant le premier interrogatoire, et qui réapparaît avant l'exécution finale, peut être assimilée à la statue du commandeur qui juge Don Juan. De cette manière, le théâtre apporte une épaisseur supplémentaire au thème de la culpabilité.

11 | Un roman de l'absurde ?

Le roman de Kafka est marqué par l'absurde, selon les deux acceptions du terme. Habituellement, en effet, le mot « absurde » désigne ce qui est bizarre, insensé, contraire à la logique et la raison. Mais ce mot a également une acception philosophique : dans la philosophie existentialiste, qui interroge la place de l'homme dans le monde, il exprime l'idée que la condition humaine est dépourvue de sens, qu'elle n'est guidée par aucune finalité. Ainsi, selon Albert Camus, Joseph K., qui se débat dans un univers clos, dénué de signification et de projet visible, serait l'un des grands héros de l'absurde. Toutefois, nous verrons que le monde de Kafka n'est absurde, au sens existentiel du terme, que jusqu'à un certain point seulement, et qu'il semble en réalité construit sur certaines formes de déterminations supérieures.

UN « MONDE INCOHÉRENT, ABSURDE ET SURRÉEL »

Comme l'écrit Louis Chauvet dans un article du *Figaro* dont un extrait sert de liminaire au film de Welles, « Kafka nous plonge dans un monde incohérent, absurde et surréel ». Dans *Le Procès*, cette absurdité repose essentiellement sur les discours déroutants des gens de justice, et sur le comique burlesque de certaines situations bien éloignées des conventions du monde réel.

Le discours absurde de la justice

Avant les événements ou les situations dans lesquelles il se trouvera plongé, c'est par les propos déroutants de ses interlocuteurs que K. comprend combien le monde qui l'entoure est absurde. Ces interlocuteurs sont essentiellement des personnages liés, directement ou indirectement, à la justice. Par exemple, la femme de l'huissier dit à K. : « Je ne crains le danger que quand je veux » (p. 91). Une telle déclaration est absurde, paradoxale, aucun sentiment, en particulier la crainte, ne pouvant être ressenti par un acte de volonté. Ce type de propos déroutant est notamment une caractéristique majeure de la scène de l'arrestation : les policiers venus arrêter K. répondent à ses questions par d'autres questions (p. 24), ils lui signifient son arrestation mais refusent de lui en donner les raisons (p. 25). Au fur et à mesure que se déroule la scène, les discours des policiers deviennent de plus en plus absurdes et découragent toute explication rationnelle des faits.

Deux formes de discours absurdes vont dominer alors. D'une part, les paradoxes : les policiers donnent des ordres à K., ils se montrent autoritaires, voire hostiles, mais en même temps ils se prétendent amicaux et lui prodiguent des « conseils » bienveillants (p. 29), allant jusqu'à afficher une certaine tristesse à son sujet (p. 33). D'autre part, les paralogismes, raisonnements ou arguments apparemment logiques et irréfutables, mais en réalité erronés : « – Tu vois ça, Willem, dit-il, il reconnaît qu'il ignore la loi, et il affirme en même temps qu'il n'est pas coupable ! – Tu as parfaitement raison, dit l'autre, il n'y a rien à lui faire comprendre » (p. 30). Selon les policiers, admettre ignorer la loi et proclamer son innocence sont deux affirmations incompatibles, l'une exclut nécessairement l'autre. En réalité, il n'y a aucune incompatibilité : ignorer la loi relève du savoir juridique (on connaît la loi ou on ne la connaît pas), proclamer son innocence relève en général du bon sens moral (la plupart du temps, il est inutile de connaître précisément la loi pour estimer si on a mal agi). Leur raisonnement est donc frappé d'incohérence.

Welles introduit lui aussi l'absurde dans les propos des policiers, mais d'une autre manière. Dans le roman, le brigadier retient un élément des répliques de K. et l'interroge à ce sujet : « – [...] je suis surpris, mais je ne dirai pas très surpris. – Pas très surpris ?

demanda le brigadier [...] – Je veux dire que [...] je suis un peu immunisé contre les surprises et que je ne les prends plus au tragique, surtout celle d'aujourd'hui. – Pourquoi surtout celle d'aujourd'hui ? » (pp. 34-35). Chez Welles, ce dialogue est modifié de façon à devenir absurde, les policiers sélectionnant cette fois de simples détails très secondaires et y insistant comme s'il s'agissait d'informations capitales. Par exemple, dans la séquence initiale, le premier inspecteur pose une série de questions à K. sur Mlle Bürstner comme s'il y avait là matière à soupçons, alors que K. s'est seulement contenté d'appeler celle-ci en se réveillant : « Vous attendez Mlle Bürstner ? », « Mlle Bürstner entre souvent par cette porte pour venir vous voir la nuit ? » Le dialogue se poursuit de la même manière : avec le second inspecteur, K. se trouve dans l'obligation de justifier ses gestes ou propos les plus anodins. Welles insiste ainsi sur l'impossibilité d'un dialogue avec la justice, les inspecteurs posant autoritairement des questions incongrues. Pour mieux affirmer cette impossibilité, il ajoute un autre type de dialogue absurde. Au début du film, l'inspecteur dit : « vous faites tout pour aggraver votre affaire ». K. répondant : « Allez-vous enfin me dire quelle est cette affaire dont vous parlez ? », l'inspecteur réplique : « Je ne vous ai parlé de rien. »

Chez Kafka comme chez Welles, la parole absurde des gens de justice est donc à l'image du portail de la Loi : un obstacle infranchissable, empêchant l'accusé d'accéder au sens de cette dernière. Mais l'absurde du roman ne se limite pas au langage de la déraison, il tient également au registre burlesque.

Des situations burlesques

Le burlesque du *Procès* est une forme de comique reposant sur des incongruités, des extravagances plus ou moins parodiques, et une gestuelle outrée.
Dans le roman, l'incongruité relève souvent du comique dit « de situation[1] ». Le duo formé par la femme de l'huissier et l'étudiant

---
[1]. Voir H. Bergson, *Le Rire*, PUF, 1959, p. 410.

– ensemble ou séparément – est particulièrement représentatif de ce procédé : ils s'étreignent en présence de toute la cour (p. 85), le juge d'instruction se tient auprès du lit de l'huissier et de sa femme dans leur sommeil (p. 94), l'étudiant embrasse la femme de l'huissier sous les yeux de K. qui s'impatiente (p. 96), c'est devant son ravisseur que K. demande à cette femme si elle souhaite être délivrée (p. 97). Des situations en principe intimes sont parasitées par la présence incongrue d'un tiers.

L'enlèvement de la femme de l'huissier par l'étudiant est en outre aussi inattendu que spectaculaire, donc particulièrement extravagant. Il semble parodier une scène traditionnelle des récits romantiques : l'enlèvement de la jeune fille par un gredin au service du méchant, comme dans *Notre-Dame de Paris* de Victor Hugo (1831). L'étudiant « mal bâti » et « jetant de temps à autre un regard de tendresse sur son fardeau » fait penser à Quasimodo enlevant Esméralda pour le compte de Frollo. Ce démarquage crée un effet burlesque d'autant plus prononcé qu'il est rare dans le livre, *Le Procès* ne se présentant pas comme un roman particulièrement axé sur la parodie.

L'extravagance burlesque de cet enlèvement repose par ailleurs sur une gestuelle comique, inefficace ou outrancière, relevant du « comique des gestes » défini par Bergson : la femme passe sa main sur le visage de l'étudiant qui cherche à mordre K., elle repousse ce dernier des deux mains... Nous retrouvons cette gestuelle à plusieurs reprises dans le roman : « Mais parvenu devant la porte, il eut un recul comme s'il ne s'était pas attendu à la trouver là » (p. 57), « Machinalement K. fit un geste dans le vide pour chercher à saisir la main de la laveuse, mais elle était déjà partie » (p. 95). L'entrée de l'oncle dans le bureau de K. repose entièrement sur ce burlesque extravagant. À son arrivée, nous le voyons « écrasant son panama de la main gauche et tendant du plus loin la droite à son neveu [...] au-dessus du bureau avec une précipitation brutale », renversant « tout au passage » avant de s'asseoir « sur la table en fourrant pour plus de confort

sous son derrière divers papiers qu'il ne regarda même pas »
(pp. 124-125). Le « comique de mots » bergsonien est également
employé par Kafka, K. qualifiant son oncle de « fantôme
rustique » (ou « de province », selon les traductions).

Le Procès est donc indéniablement, à certains égards, un texte
comique. Max Brod raconte d'ailleurs que Kafka, en lisant son
roman, déchaîna le fou rire de ses amis. Il s'agit à présent de se
demander si ce registre est la marque d'un univers dénué de sens,
donc « absurde » au sens philosophique.

UN UNIVERS DÉNUÉ DE SENS

D'après Camus, le monde du *Procès* est absurde. Les situations
burlesques que nous venons d'examiner ne seraient donc pas autre
chose que les signes d'une absence de signification transcendan-
te, de la perte d'une logique supérieure (Dieu, la Nature…) capable
d'offrir à la condition humaine une destinée cohérente et ordonnée.

Une gestuelle d'individus décalés

Le décalage des individus à l'égard du monde dans lequel ils sont
plongés est une caractéristique de l'absurde existentiel. Camus
raconte le mythe de Sisyphe, condamné à pousser au sommet
d'une colline un lourd rocher retombant perpétuellement en bas de
la pente. La vie de Sisyphe illustre l'inadéquation de l'homme, son
effort aussi permanent que vain pour trouver sa place et sa raison
d'être dans un univers absurde. On peut ainsi voir dans les gestes
burlesques, ridicules et voués à l'échec, des personnages de Kafka
le signe de leur inadaptation au monde qui les entoure. De cette
inadaptation, on peut également déduire la faillite de la société
humaine, l'individu se trouvant autant inadapté à autrui qu'il l'est au
monde. De fait, K. est un être profondément marqué par la solitude.
Il a certes des loisirs, mais partagés avec des « collègues » (p. 42),
non des amis. Significativement, croyant saisir la main de la femme
de l'huissier, il fait un geste « dans le vide » (p. 95).

Plus absurde encore : comme le suggère l'oncle, qui accomplit des gestes sans même s'en apercevoir, c'est moins d'une inadéquation des personnages au monde qu'il s'agit le plus souvent, que d'une inadéquation des personnages à eux-mêmes. Les êtres sont en effet réduits à des machines extravagantes, accomplissant des gestes étranges sans le contrôle de la pensée. La gestuelle burlesque des personnages serait donc le symbole d'une humanité plongée dans un vain face à face avec elle-même, confrontée à un monde dénué de sens et sur lequel elle n'a aucun contrôle.

De la déraison à l'angoisse existentielle

La particularité de Kafka est de mettre le burlesque absurde en rapport avec un événement étrange, l'arrestation. K. est ainsi confronté à une série d'expériences s'enchaînant de manière automatique (à l'arrestation succède automatiquement l'interrogatoire...) et n'ayant « pas l'ombre de sens commun » (p. 36). L'inéluctabilité déconcertante de l'expérience judiciaire est donc source d'angoisse, tout ce qui arrive hors de nos expériences habituelles, tout ce qui reste sans réponse, étant en effet susceptible de faire surgir la peur. Cette concomitance du bizarre et de l'angoisse crée un paradoxe déroutant qui est l'une des caractéristiques de l'absurde existentiel : elle indique que le monde n'a pas de sens.

C'est sans doute la raison pour laquelle l'absurde burlesque du roman est très peu exploité par Welles. Dans le film, la scène de l'enlèvement et celle de l'arrivée de l'oncle (séquences 6 et 8) sont dénuées de comique. La scène très théâtrale de K. disputant sa malle à l'amie de Mlle Bürstner (séquence 3) repose certes sur un certain comique de gestes, mais le décor déshumanisé et sans vie incite moins à rire qu'à interroger le sens incertain de la condition humaine plongée dans un monde sans âme. Welles, en d'autres termes, ne retient des situations absurdes imaginées par Kafka que leur capacité à susciter l'angoisse existentielle. Ainsi, lorsque la femme de l'huissier raconte à K. la scène absurde du juge au pied du lit, le cadrage au moyen des ombres et des diagonales noires (séquence 8) fonctionne comme une métaphore angoissante de l'enfermement. Ces diagonales entrecroisées sont également susceptibles de connoter un désordre, une incohérence. Mais cette incohérence étant plus étouffante que burlesque, elle nous plonge au cœur de l'absurde philosophique, produit d'un monde dénué de sens.

La perte des repères

Dans le roman, de nombreuses expressions traduisent la perte de repères de K. face à un monde dont la logique lui échappe. On notera par exemple, dans notre traduction, la formule « K. plus désorienté qu'irrité » (p. 37), et surtout la récurrence du verbe de subjectivité « sembler » : « Il lui sembla [...] que ce policier l'approuvait » (p. 38), ce policier « semblait comparer les longueurs de ses doigts » (p. 38), « il lui sembla un moment qu'il portait tous ces gens sur ses épaules » (p. 38). Très utilisé dès le début, lors de l'irruption des policiers chez K., ce verbe constitue un leitmotiv, parcourant tout le roman jusqu'à l'exécution finale : « L'un des deux sembla faire à l'autre [...] un léger reproche », « l'agent semblait déjà ouvrir la bouche » (p. 277), « les messieurs semblaient avoir reçu leur mission en commun » (p. 278). La répétition lancinante de ce verbe est une marque de l'absurde : elle montre les hésitations du personnage face à un univers vague et incertain qu'il tente d'interpréter.

On doit noter que chez Welles, à l'inverse, les incertitudes du monde ne sont pas décrites de façon subjective, mais au moyen d'une caméra objective. Par exemple, lorsque K. monte chez le peintre (séquence 10), nous n'avons pas accès à l'intériorité troublée du protagoniste : c'est la succession rapide de plans très variés (plongée, contre-plongée, vision frontale...) qui exprime le caractère multiple, déstabilisant et énigmatique du lieu. Le procédé est repris dans la séquence 8, lorsque K. suit l'huissier jusqu'au tribunal : la même passerelle est filmée sous plusieurs angles successifs, de façon à faire perdre ses repères au spectateur, qui est ainsi conduit à éprouver la confusion et les hésitations de K.

Produire du sens

Autrement dit, chez Welles, le protagoniste paraît beaucoup moins hésitant. Il est d'ailleurs symptomatique qu'il ne demande jamais son chemin, contrairement à ce qui se passe dans le roman (par exemple au tribunal, pp. 73-74). Welles accentue ainsi l'une des caractéristiques du personnage de Kafka, qui est la capacité à produire du sens et à prendre conscience de l'absurde afin de s'en libérer. La fin du film est claire sur ce point. K. fait face à l'avocat et déclare : « Le voilà le complot, le vrai complot. Il s'agit de nous faire croire que le monde entier est dément, informe, absurde, chaotique. C'est ça leur but. » La prise de conscience finale de K., accompagnée d'une affirmation forte de son individualité, a été préparée tout au long du film par l'attitude volontaire du personnage, qui semble avoir moins subi le non-sens du monde que le spectateur.

Dans le roman, cette détermination lucide ne transparaît réellement qu'à la fin, juste avant l'exécution. Elle a été néanmoins également préparée par Kafka, mais d'une autre façon. Face à une justice dont les propos sont souvent déroutants, son personnage s'applique à élaborer du sens. Par exemple, convoqué un dimanche, sans heure précise, au tribunal, il se dit « que le mieux serait de se présenter le dimanche à neuf heures, car c'est l'heure où la justice commence à fonctionner en semaine » (p. 70). Pour donner aux événements un tour sensé, K. établit judicieusement des analogies entre le monde habituel et celui, absurde, auquel il est confronté. Cela lui permet notamment de s'octroyer une sorte de supériorité morale face à la justice. Selon lui, cette dernière est corrompue (« une grande organisation » de « vendus »), le non-sens des discours judiciaires étant le signe de cette corruption : « Comment, au milieu du non-sens de l'ensemble d'un tel système, la vénalité des fonctionnaires n'éclaterait-elle pas ? » (p. 84). K., assimilant l'absurdité du discours juridique à une faute morale, retourne la situation : il juge la justice.

Ce sursaut, cette révolte, est bien plus net chez Welles, à la fin du film. La fin du roman, quant à elle, est davantage marquée par le renoncement. Malgré tout, révolte et renoncement sont bien, pour Camus, les deux voies de l'alternative laissée à l'homme en proie à un monde dénué de sens.

Toutefois, comme nous allons le voir maintenant, de nombreux éléments conduisent à nuancer l'hypothèse selon laquelle le monde kafkaïen relèverait de l'absurde existentialiste.

LA LOGIQUE DU PROCESSUS JUDICIAIRE

Comme le signale J.-P. Morel, *Le Procès* « résiste largement » à la notion d'absurde théorisée par Camus. Organisé par une série de contradictions et de « dédoublements », le monde mis en place par Kafka est certes « complexe, mais pas absurde[1] ». Il est en effet possible de dégager une logique, un sens, au processus judiciaire dans lequel K. se trouve impliqué.

Un monde normal perturbé

Lors de la scène de l'arrestation, Kafka insiste sur l'étonnement – partagé par le lecteur – de son personnage face aux propos déconcertants des policiers : « K. fut énormément surpris » (p. 26) nous dit-on, « Cela n'a pas l'ombre de sens commun », « N'est-ce pas à en être pétrifié ? », « Vous agissez [...] sans rime ni raison » déclare K. (pp. 36-37). Il existe donc un point de vue *a priori* sain, exerçant un jugement critique, sur les propos de ces policiers. Ce point de vue émane d'un monde différent de celui dans lequel nous sommes brutalement plongés : « Une fois cet

---

[1]. J.-P. Morel, *Le Procès de Franz Kafka*, Gallimard, coll. « Foliothèque », 1998, p. 117.

ordre ramené, toute trace disparaîtrait des incidents de la matinée et l'existence reprendrait son cours normal », espère K. (p. 42). Cela suggère que le monde où K. a jusqu'à présent mené sa vie d'employé de banque n'est pas si absurde : hors de l'expérience du procès, l'existence serait « normale ». Nous avons vu également que K. projette du sens sur la convocation absurde au tribunal (un dimanche) en établissant une analogie avec le fonctionnement de la justice en temps ordinaire (elle débute à neuf heures). Le brigadier lui-même assure à K. : « Personne ne vous interdira de mener votre existence ordinaire » (p. 39). On peut donc dire que l'appareil judiciaire qui se déchaîne contre K. est moins la métaphore d'un univers clos et absurde, qu'un élément de perturbation du monde « normal » et « ordinaire ».

L'animalisation et les déformations physiques dont sont affectés certains personnages symbolisent cette perturbation : l'étudiant est un « être horrible » aux « jambes tordues » (p. 95), comme la « petite bossue » chez Titorelli (p. 181), le chef de bureau agite ses mains « comme de petites ailes » (p. 140), Leni est affectée d'un « phénomène », une peau que K. qualifie de « jolie serre » (p. 147). C'est le fonctionnement de la justice qui transforme l'ordre normal des choses et le tord à l'image de ces êtres difformes. La justice n'est donc pas absurde, elle suit un projet déterminé.

Une logique implacable

De même que Leni est constituée d'humanité et d'animalité, la justice est faite d'éléments disparates et contradictoires. La plus flagrante, la plus déstabilisante de ces contradictions, est qu'elle est à la fois conforme à la justice ordinaire (elle suit une procédure normale : de l'arrestation à l'exécution en passant par l'interrogatoire) et en opposition à celle-ci : elle laisse K. en liberté, elle l'exécute sans jugement. Les propos déroutants des policiers venus arrêter K. ne sont que les reflets fidèles de cette justice foncièrement anormale. Tout au long du roman, le personnage de

Kafka n'aura alors de cesse de dénoncer ces contradictions. Le dialogue avec Titorelli est significatif. Le peintre tient des propos paradoxaux (il commente la loi bien qu'il ne l'ait « pas lue », p. 194). Il expose les deux « solutions » totalement absurdes, car strictement identiques quant au résultat, que sont « l'acquittement apparent et l'atermoiement illimité » (p. 196). Il est contradictoire (« Je crois que vous vous contredisez », p. 194). K. est donc obligé d'argumenter logiquement pour dénoncer les « contradictions » de l'appareil judiciaire décrit par le peintre (p. 194). On voit ainsi se dessiner la stratégie de K. : apporter la preuve que la justice est illogique et absurde. L'ironie serait donc la suivante : l'univers du *Procès* ne comporterait des éléments d'absurde que pour laisser à K. la possibilité de croire qu'il peut disposer d'une arme contre la justice, cette arme étant la logique.

En réalité, la justice suit une logique autre, mais précise, qui lui confère une signification supérieure et nie son apparente irrationalité : faire en sorte que tout accusé ne soit autre chose qu'un coupable (les deux solutions « empêchent [l'] acquittement réel », p. 204). L'allégorie de la Justice peinte par Titorelli est éclairante : « Elle avait parfaitement l'air d'être la déesse de la Chasse » (p. 186). En d'autres termes, ni l'institution judiciaire ni le monde qui s'organise autour d'elle ne sont absurdes : obéissant à un but, ils suivent une logique implacable, celle du chasseur poursuivant son gibier. Kafka ne dit-il pas que la justice est « attirée » par le délit (p. 29) ? L'image fait de l'institution un animal flairant sa proie. La « serre » qui fait de Leni un oiseau de proie apparaît alors comme la métaphore de cette chasse. Le film de Welles, qui montre fréquemment K. regarder en tous sens autour de lui, qui le met en scène poursuivi par les fillettes, qui l'enferme dans la chambre de Titorelli comme un animal dans un piège, explicite cette image de l'accusé en gibier.

Bibliographie

OUVRAGES SUR FRANZ KAFKA

- DELEUZE G. et GUATTARI F., *Kafka*, Minuit, 1975.
- KUNDERA M., *L'Art du roman*, Gallimard, 1986 [chap. V].
- MOREL J.-P., *Le Procès de Franz Kafka*, Gallimard, « Foliothèque », 1998.
- MOREL J.-P., *Obliques/Kafka*, n° 3, 1978.
- RAVY C. et G., *Kafka mis en scène*, PUR, 1987.
- ROBERT M., *Kafka*, Gallimard, coll. « Bibliothèque idéale », 1961.
- ROBERT M., *Seul, comme Franz Kafka*, Calmann-Lévy, 1979.

ÉTUDES SUR ORSON WELLES

- BAZIN A., *Orson Welles*, Le Cerf, coll. « Ramsay Poche Cinéma », 1986.
- BERTHOME J.-P. et THOMAS F., *Citizen Kane*, Flammarion, 1992.
- BERTHOME J.-P. et THOMAS F., *Le Procès, découpage intégral*, Seuil, coll. « Avant-Scène », 1971.
- GAUTHIER G., « Welles et Kafka sur la corde raide », in *Europe*, n° 511-512.
- MC BRIDE J., *Orson Welles*, Rivages, coll. « Cinéma », 1985.
- NAGEL E., *L'Art du mensonge et de la vérité*, L'Harmattan, 1997.
- *Orson Welles*, Les Cahiers du Cinéma, 1986.
- *Téléciné*, n° 110, avril-mai 1963 [fiche n° 419].
- WELLES O. et BOGDANOVITCH P., *Moi, Orson Welles, Entretiens avec Peter Bogdanovich*, Belfond, 1993.

OUVRAGES SUR LA LECTURE DE L'IMAGE

- AMIEL V., *Esthétique du montage*, Nathan Université, 2001.
- AUMONT J. et MARIE M., *L'Analyse des films*, Nathan Université, 1988.
- DESCHAMPS F., *Lire l'image au collège et au lycée en cours de français*, Hatier, 2004.
- JOST F., *L'Œil-Caméra – Entre film et roman*, Presses Universitaires de Lyon, 1987.
- VANOYE F., *Récit écrit-récit filmique*, CEDIC, 1979.
- VANOYE F. et GOLIOT-LETE A., *Précis d'analyse filmique*, Nathan, coll. « 128 », 1992.

Index

Guide pour la recherche des idées

Genres et registres

Burlesque	131-133
Comique	32
Œuvre ouverte	87-90
Parodie	32-33, 131
Théâtre	51, 58, 124-128

Humanité

Absurde	129-139
Condition humaine	125, 133
Femme	82-86, 105, 119-120
Solitude	70-71, 133
Ville	93-94, 98-99

Morale

Corruption	31, 35, 121-122
Culpabilité	52-53, 60-61, 117-123
Honte	46, 117, 123
Perversité	61, 78, 84-85, 122

Ambiguïtés

Ambivalence	68, 76, 86, 118-119
Contradiction	138-139
Double contrainte	77
Paradoxe	68-72, 74-75, 76, 92, 95, 103, 107, 130

Esthétique romanesque

Continuité 95, 99, 101-102, 104-105
Inachèvement 87-89
Mise en abîme 43-44
Motif 89, 122-123

Rêve

Cauchemar 63, 114-116
Inquiétante étrangeté 36, 113-114
Onirisme 62, 77, 80, 82, 83, 105, 110-116

Les références renvoient aux pages de ce Profil.

Bussière Camedan Imprimeries
à Saint-Amand (Cher) France (VIII-2004)
Dépôt légal : août 2004. N° d'édit. : 50499. N° d'imp. : 043238/1.
IMPRIMÉ EN FRANCE